KB128615

나는
아름다움을
찾아주는
왁서
입니다

나는 아름다움을 찾아주는 왁서입니다
걱정은 뽑고 따뜻함을 채우는 한 여자의 이야기

초 판 1쇄 2024년 03월 20일

지은이 김순영
펴낸이 류종렬

펴낸곳 미다스북스
본부장 임종익
편집장 이다경
책임진행 김가영, 윤가희, 이예나, 안채원, 김요섭, 임인영, 권유정

등록 2001년 3월 21일 제2001-000040호
주소 서울시 마포구 양화로 133 서교타워 711호
전화 02) 322-7802~3
팩스 02) 6007-1845
블로그 http://blog.naver.com/midasbooks
전자주소 midasbooks@hanmail.net
페이스북 https://www.facebook.com/midasbooks425
인스타그램 https://www.instagram/midasbooks

ⓒ 김순영, 미다스북스 2024, *Printed in Korea*.

ISBN 979-11-6910-548-4 03190

값 18,000원

※ 파본은 본사나 구입하신 서점에서 교환해드립니다.
※ 이 책에 실린 모든 콘텐츠는 미다스북스가 저작권자와의 계약에 따라 발행한 것이므로 인용하시거나 참고하실
  경우 반드시 본사의 허락을 받으셔야 합니다.

미다스북스는 다음세대에게 필요한 지혜와 교양을 생각합니다.

걱정은 뽑고 따뜻함을 채우는 한 여자의 이야기

나는 아름다움을 찾아주는 왁서 입니다

김순영 지음

omniscient beauty

미다스북스

변화하는 당신의 모습은 정말 아름답습니다

저는 털을 뽑아주는 왁서입니다. 이 일을 한 지도 벌써 올해로 10주년을 맞이하게 되었네요. 수많은 고객을 만나면서 그들의 외모를 가꿔주기도 하고, 그들의 불편함을 덜어주기도 했습니다. 털을 뽑는 행위만으로는 하루하루가 단조로움의 연속이었을지도 모릅니다. 하지만 털을 뽑으러 오는 사람들은 모두 다르고, 그들이 전해주는 이야기도 늘 달랐습니다. 이 일을 하는 저에게는 매일, 매시간이 매우 신선하고 새로운 경험이었습니다. 어쩌면 지루할 틈 없이 10년 동안 같은 일을 할 수 있었던 이유는 고객과의 '대면 소통' 덕분입니다. 일상을 공유한다는 건 굉장히 재미있는 일입니다. 제가 살아생전 다 겪어보지도 못할 일들을 귀로 듣고 경험하게 되었으니까요. 그 경험들이 쌓이고 쌓여 어느새 강산도 변한다는 기간만큼 모여 데이터베이스가 되었고, 제가 살아가는 데 필요한 삶의 지혜가 되었습니다.

개인적인 공간에서 1:1 관리를 하는 제 업의 특성을 살리고, 관리받은 고객의 통증을 줄이려고 대화를 시작했습니다. 인터뷰와 독백과 소통의 형태로 나눈 우리의 수다가 제 인생을 단단하고 굳건하게 만들어 줄 줄은 전혀 예상하지 못했습니다. "사람이 온다는 건 그의 일생이 오는 것"이라고 합니다. 10년 동안 만난 다양한 직업군과 연령대 고객의 일상을 여러모로 들으며 제가 전체 중에 지극히 일부임을 인지할 수 있었습니다. 모든 것들은 상대적이라는 사실도 말이죠. 소통의 아름다움이 이전의 경험이 만들어낸 편견과 선입견을 깨트려 내면의 미(美)로 승화시킨 것 같아요.

어쩌면 그들을 통해 제가 외면하고 싶었던 저의 어두웠던 어린 시절의 아픔을 들여다볼 용기가 생겼는지도 모릅니다. 켜켜이 쌓인 용기로 제 삶을 돌이켜 보니 많은 것이 바뀌어 있었습니다. 저를 만들었던 환경에서 내재한 깊은 상처를 스스로 마주하고 극복해 가며, 성장해 온 삶의 역사를 이 책에 꾹 눌러 담았습니다. 사람은 죽음 앞에서 인생의 덧없음을 느끼며, 생애 동안 겪은 수많은 감정과 갈등은 버리고 중요한 것만 남긴다고 합니다. 저는 태어나는 순간 크게 울지 않았더라면 코끝이 시린 추운 겨울, 동상으로 죽었을지도 모르는 운명이었습니다. 소리 내었고, 표현했기에 태어날 수 있었던 제 삶의 첫 단추를 시작으로 저의 다이아몬드 인생 서사를 담은 책을 출간하는 날이 왔습니다.

가장 단단한 원석은 지하 깊은 곳에서 높은 압력과 온도로 형성됩니다. 우리 삶에서 시련과 고난이 아름다운 이유는 그것들이 우리를 단단하게 만들어 더 나아지게 하는 원동력이 되어주기 때문이지요. 어릴 적 원석을 어떻게 다듬느냐에 따라 어른이 된 후 돌덩이가 될 수도 있고, 보석이 될 수도 있습니다. 반짝이지 않던 원석은 가공과 세공의 과정을 통해 본연의 빛을 발하며 가치가 배로 상승합니다. 1캐럿의 다이아몬드 보석을 만드는 데 2톤의 원석이 들어간다는 사실을 아시나요? 보석 같은 삶이 또 다른 보석을 다듬어 아름다움을 만드는 것입니다.

제 인생의 어둠도 저를 단단하게 만들었습니다. 저를 스쳐간 모든 사람의 경험이 저를 다듬었습니다. 제가 듣고 보았던 경험을 이용하고, 많이 듣고 많이 볼수록 세공 작업은 더 정교해져 다이아몬드처럼 빛날 수 있게 되었습니다. 오랜 장인정신으로 제 인생의 광채를 찾은 것 같아요. 평생을 다듬고 다듬어 누군가의 본보기가 되어 반짝이고 싶습니다. 제가 가진 보석의 가치는 아름다움을 찾아주는 데 빛을 더 발하는 것 같아요.

아름다움은 객관적인 시선으로 느낀 진실한 사람의 '변화된 행동' 그 자체입니다. 당신이 지금 누구보다 힘들다면 원석이 단단해지고 있는 시기일지도 모르겠습니다. 당신에게 '힘내'라는 말을 하기보다 제 삶을 녹여낸 이 책으로 당신을 위로하고, 격려해드리고 싶습니다. 행복한 삶을 위해 고민하고, 나아가기 위해 끊임없이 생각하고 행동한 저의 모습을 통해 용기를 얻으셨으면 좋겠습니다.

아름다움은 정형화되지 않습니다. 자신만의 색과 자신만의 템포에 맞게 다듬어지시면 됩니다. 과거의 어떤 날보다 나아질 준비되셨을까요? 변화하고 싶은 내면의 아름다움을 품으셨나요? 돌덩이가 아닌 본연의 빛으로 반짝이고 싶은 분들에게 이 책이 2톤의 원석이 될 수 있기를 간절히 바랍니다.

2024년 2월 김순영

목차

1장

누구나
내면의 아름다움을
품는 순간이 있다

omniscient
beauty

"배움에는 끝이 없다"는 말이 있다. 배움의 내용이 학문적인 지식만을 말하는 것은 아니었다. 일상 곳곳에서 일어나는 상황의 본질을 내 삶에 적용시키며 나를 변화하는 것이었다. 외면의 아름다움을 꾸며주는 직업을 통해 나는 비로소 더 나아지고자 하는 내면의 아름다움을 품게 되었다.

1.
나는 아름다움을 찾아주는 왁서입니다

"행복의 비밀은 자신이 좋아하는 일을 하는 것이 아니라 자신
이 하는 일을 좋아하는 것이다."

– 앤드류 매튜스

우물 안 개구리였던 나를 우물 밖으로

나의 직업은 사람들의 아름다움을 가꿔주는 털 뽑는 왁서이다. 우연을
기회로 삼아 시작했던 이 업은 올해로 10주년을 맞이한다. 인상을 좌우
하는 페이스 왁싱부터, 삶의 질을 바꾸는 브라질리언 왁싱까지 수천 명
의 고객들을 관리해 왔다. 고객마다 가진 특성에 맞는 외적 아름다움을
꾸며주는 동안 그들의 내면의 이야기를 통해 오히려 많은 것을 배웠다.

말하는 것을 좋아하는 나는 매일 다른 사람들과 지치지 않는 수다를 즐

겼다. 그들과 대면 소통을 통해 경청의 자세뿐 아니라, 말의 쓰임에 대해서도 알아갔다. 다양한 시각을 통해 새로운 관점을 얻기도 하고, 감정을 조절하는 기술을 습득하기도 했다. 나는 천직을 만나 성장과 변화를 끌어내는 내면의 아름다움을 품을 수 있게 되었다. 우물 안 개구리였던 나를 우물 밖으로 꺼내준 고객의 일상이 뾰족하던 나를 둥글게 만들어준다.

이 직업을 통해 어릴 적 무채색을 띠던 예민함의 정체성을 밝은 색으로 채색할 수 있었다. 예민했기에 인간관계로부터 쉽게 연약해진 마음을 낯선 이로부터의 위로와 공감을 통해 극복하기도 했으며, 반복되는 상처 앞에도 찢기며 커진 마음 근육 덕에 조금씩 단단해졌다. 예민함 덕분에 남들은 잘 모르는 미묘한 차이를 쉽게 알아차린다. 눈과 귀로 들려오는 다양한 정보를 연결하고 통합하는 데 능하다. 고객의 이야기를, 나에게 일어나는 일들을 맥락적으로 이해하며 살아왔다.

반성문, 자기고백서, 그리고 기행문

켜켜이 쌓아온 경험의 오답 노트 덕에 어떠한 선택에 앞서 머릿속에 최대한 많은 경우의 수를 두는 대응책을 만들었다. 대응책 덕에 선택의 실수와 자책을 줄이며, 후회의 농도 또한 묽히는 중이다. 지난 10년 동안 수많은 사람과 대화로 쌓아온 내공으로 나는 사유하고 성찰하며 꾸준히 변화해 왔다.

책을 통해 인생의 큰 숲을 그렸고, 10년 동안 만난 고객들의 대화로 일상의 나무를 심어나갔다. 어쩌면 이제부터의 이야기는 일종의 나의 반성문일지도 모르겠다. 끊임없이 나의 결점을 알아가면서 반성하고, 같은 실수를 반복하지 않으려는 발악에 가까운 자기 고백서이다. 어린 나의 작은 구멍을 채워 줄 엄마는 없다. 혼자서 그 틈을 메우기 위해 끊임없이 고민하고, 부딪치며 알게 된 인생 여정의 기행문이 될 것 같다.

어린 나는 그토록 이성이라는 갑옷을 통해 자신을 스스로 지켜냈다면, 사람과 사람 사이를 이어주는 연결고리는 '감성'이었다는 것을 배워가는 이야기를 담았다. 감성은 단순히 감정을 공감하는 것이 아닌 상대의 입장이 되어 경험의 영역을 확장하는 것이다. 나의 작은 조각이 다른 사람의 입장이 되어 그 조각을 흡수하면서 더 큰 조각으로 성장해 간다. 그렇게 확장된 나는 나에게 주어진 일을 마냥 피하려 하지 않고, 고통을 받으면서 상황을 직면해 왔다.

경험을 확장한다는 것은 걱정과 고통의 당사자 위치에서 벗어나게 되는 자기 객관화를 실현한다. 기존의 나에서 확장된 나는 눈앞에 놓인 상황을 단면이 아닌 입체적으로 바라보게 되었다. 삶을 1인칭으로 시작했다가 전지적 시점으로 관점을 바꾸어 보았더니 경쟁 속에서 지친 우리의 모습이 느껴졌다. '모든 삶은 아름답다'는 관점 전환의 힘은 생각보다 큰 긍정의 파장을 일으킨다. 그렇게 나는 나의 공간에서 나 자신, 그리고 고객들의 아름다움을 찾는다.

내 생애 첫 숍의 이름을 고민했다. 문득 붉은 벽돌로 그 나라만의 분위기를 품고 있는 신혼여행지 체코가 떠올랐다. 체코어로 '아름다움'을 뜻하는 단어를 검색하여 그 것으로 작명했다. 나만의 분위기와 색으로 나답게 일하려는 마음을 담았다.

2.
세상 어느 곳에도 완벽한 것은 없다

"인생에는 정답이 없습니다. 자기가 선택한 대로 사는 것뿐입니다. 그런데 우리가 이럴까 저럴까 망설이는 것은 선택에 대한 책임을 지고 싶지 않기 때문입니다."

– 법륜스님

제모는 털을 제거하는 것을 말한다. 털을 제거하는 방법은 다양하다. 미용 칼로 털의 단면을 잘라내는 면도, 털을 녹여내는 제모 크림, 털의 뿌리까지 뽑아내는 왁싱, 모낭 자체를 강한 빛으로 쏘아 파괴하는 레이저 등이 있고, 그 방법에 따른 장단점은 확연하게 다르다. 완벽한 제모법은 존재하지 않는다. 간편성에 초점을 두면 면도가 제일 좋은 제모법이고, 깔끔함에 초점을 두면 왁싱이 제일 좋은 제모법이다.

내가 만난 수많은 사람의 인생사에도 장단점이 있었다. 사람마다 어떤 가치에 초점을 맞추느냐에 따라 선택과 들여지는 공이 달라질 뿐이었다. 세상 어느 곳에도 완벽한 것은 없다. 완벽과 완전함이 아닌 내가 결정한 모든 것들에 만족과 효용이 있을 뿐이다.

왁싱 숍 안내 직원으로 일하는 동안 나는 왁싱 업계의 낙관적인 전망을 보았다. 그리고 마침 원장님으로부터 함께 일하자는 권유를 받았다. 하지만 주 6일에 10시간 근무조건과 턱없이 낮은 급여를 듣고 나는 망설였다. 근거 없는 자신감, 막연하게 꿈꾸었던 은행 입사의 미련이 그 당시 내 발목을 잡았다. 그래서 주변 사람들에게 고민을 토로했다. 모두가 생소한 직업이 주는 보이지 않는 미래를 두려워하고 있었다. 친구들의 부모님에게도 고민 상담을 했다. 어른들은 더더욱 반대했다.

"그냥 경찰을 하지."

방황하는 나를 답답해하던 한 어른이 말씀하셨다. 평소 어른들의 말씀을 잘 새기던 나는 고민의 늪에 빠지게 되었다. 주변 사람들의 무한 응원보다는 걱정이 앞선 표정을 난 읽어냈다. 가까운 이들이 가장 큰 힘이 되기도 하지만, 훼방꾼들이 되기도 한다. 하지만 이 업계에 발을 담근 적이 있는 사람은 아무도 없었다. 오로지 나뿐이었다. 그래서 나는 전망을 바라본 내 눈을 믿어보기로 했다.

라디오에서 들은 1억짜리 도자기 교훈을 통해 그때의 나는 고민을 시각화시켰다. 그래서 현재 나의 상황과 내가 고민하는 부분, 이것을 해야 하는 이유, 이것을 하고 싶은 이유를 적었다. 내가 책임져야 할 것들을 검토 후 원장님에게 전화했다. 그리고 그 전화 한 통이 내 인생을 바꾸었다. 지금은 많은 사람들로부터 어떻게 10년 전에 이 업을 선택할 생각을 했냐는 말을 듣는다.

주변인과 다른 생각에 명확한 나의 이유가 있다면 그 생각이 옳았음을 행동으로 증명해야 한다. 그 증명은 힘든 순간에도 초심을 생각하며 묵묵히 이어나가는 것이다. 어차피 완벽한 정답은 없다. 내가 한 선택에 책임지고 효용을 느끼는 것뿐이다. 나에게 주어졌던 선택의 기로 앞에서 내가 왁서가 아닌 다른 직업을 선택했다면 어땠을까 생각해 보았다. 여전히 미래가 그려지지 않는다. 다행히 10년 전 나는 최선의 선택을 했고, 이를 천직으로 여기는 최고의 결과를 입증한 것 같다.

3.
자기 관리와 자기만족이 인생에 미치는 효과

"행복은 우리가 가진 것에 대한 만족에서 나온다."

— 벤자민 프랭클린

자기 관리의 끝판왕, 브라질리언

남녀노소 자기 외모를 가꾸기 위해 피부과 시술을 받기도 하고, 성형하기도 하며, 피부 관리와 마사지를 받는다. 최소한의 비용을 들이는 대신, 부지런히 움직여 집에서 관리하는 분들도 많아졌다. 생활수준이 상향평준화가 되면서 경쟁이 더욱 세차게 가열되었고, 자기 관리는 더 이상 소홀할 수 없을 만큼 중요해졌다. 털을 제거하는 것도 결국 자기 관리 중 하나이며, 자기 관리의 꽃은 브라질리언 왁싱이라고 생각한 적이 있다.

브라질리언 왁싱은 회음부와 항문 전체의 음모를 제거하는 것을 의미한다. 숍에 따라 초급, 중급, 고급으로 나뉘어 비키니 라인만 정리할지, 회음부 주변 체모만 제거할지, 중요 부위 주변 모든 체모를 제거할지로 나뉜다. 간혹 비키니, 세미 누드, 올 누드로 분류하기도 한다. 보통 미관 상의 이유, 습한 생식기 주변부의 위생·청결적 이유, 성감도 증진 등의 이유로 관리 받는다.

왁서로서 처음 일하게 된 2014년까지만 해도 지방에서는 브라질리언 왁싱을 받는 사람이 흔하지 않았다. 낯설게만 느껴지던 관리였다. 왁싱 숍도 많이 있지 않았을 뿐더러, 그 당시의 관리 비용이 꽤 비쌌기 때문에 경제적으로 여유 있는 사람들의 세상 속 이야기였다. 하지만 시시각각으로 유행이 퍼지는 지금은 브라질리언 왁싱이 하나의 콘텐츠로 자리 잡을 만큼 인기가 널리 퍼지게 되었다. 방송에서 유명 연예인들의 관심이 쏠리면서 브라질리언 왁싱의 장점이 부각되며 왁싱이 자기 관리의 한 문화가 되었다.

브라질리언 왁싱은 누구에게나 쉽게 노출되는 부위가 아닌 점을 보아 보여주는 자기 관리의 개념보다는 '자기만족'을 위한 관리라고 볼 수 있다. 모르는 사람에게 중요 부위를 노출한다는 것이 쉬운 일이 아님에도 불구하고 기꺼이 비용을 내고, 고통을 참아가며 관리 받는다. 오직 나를 위해서 할 수 있는 관리인 브라질리언 왁싱은 자기 몸을 깨끗이 하려 하

는 행위 중 하나이며, 위생과 청결은 곧 건강과 연결되기도 한다. 나의
건강을 위해 관리하는 것이야말로 '자기 관리'의 끝판왕이지 않을까.

자기만족의 의미

관리 받으러 온 사람들의 이야기를 들으면서 문득 '자기만족'이라는 단
어에 사로잡혔다. 이전 다이어리를 꺼내 내가 기록해 두었던 글을 읽어
보았다. '어떤 사람이 되고 싶은가?'에 대해 끊임없이 고민하고, 내 몸과
마음이 반응하는 좋은 점에 대해서 기록해 둔 글이 적혀 있었다. 어쩌면
'자기만족'이라는 삶을 어릴 때부터 고민해 왔던 것 같다. 보수적이고 자
기주장이 강했던 내가 이 직업을 통해 낯선 문화를 받아들이고, 그 문화
를 접하는 다양한 사람들과 나눈 대화를 통해 '인생의 자기만족'에 관해
스스로에게 끊임없이 질문한다.

수많은 선택과 행동이 나를 위한 것인가? 남에게 보여주기 위한 것인가?
더 나은 상황으로 나아가기 위한 것인가? 지긋지긋한 현실의 벽만 깨
부수고 있는 것인가?
어제, 오늘, 내일의 나를 맥락적으로 보고 있는가?
스스로가 감동하고 만족하기 위해 어떤 행동을 하고 있는가?

내 인생의 일탈이었을지 모르는 이 직업을 통해 다양한 삶의 행로를 배운다. 많은 사람의 희로애락을 귀로 들으며, 내 인생의 행로를 수정한다. 수정하는 과정에 내가 좋아하고 싫어하는 포인트와 해야 하고 하지말아야 할 포인트를 알아 간다. 그 포인트에 집중하다 보면 스스로에 대한 명암을 알게 되고, 곧 삶의 방위를 발견하고 선택한다.

눈에 보이지 않는 가치를 실현하기 위해 눈에 보이는 것들로 비롯된 감정과 늘 싸워야 한다. 고객의 삶을 거울삼아 바라보며 나를 받아들이고, 검열하고, 반성하고 고치는 일련의 과정에서 느낀 뿌듯함과 성취감은 자존감을 키우게 한다. 결국 자기만족도가 올라가는 법이다.

브라질리언 왁싱이 쏘아 올린 외모, 외적 영역의 '자기 관리'와 '자기만족'이라는 개념이 확장되어 삶에 대한 진지한 성찰과 깨달음을 준다. 은밀하게 보이지 않는 '나'의 진실을 발견하고 내가 원하는 삶이 무엇인지 고민한다. 정답 없는 인생에서 나다운 삶으로 살아가기 위해 날마다 나자신과 싸우고 고통 받고도 이겨낸다. 어떠한 폭풍에도 이겨낼 내면의 힘을 알고 기르는 것이야말로 진정한 '자기만족'이라는 것을 알아간다.

4.
사람마다 어울리는 삶의 형태가 다르다

"존중은 성숙한 마음의 표시이며, 그것이 우리의 인간관계를
더욱 강화시킵니다."

— 에밀리 디킨슨

눈썹 다듬는 왁서

왁서는 고객들의 얼굴형과 전체적인 비율을 고려하여 기존에 가진 체
모를 개인마다 어울리는 형태로 디자인한다. 페이스 왁싱은 눈썹, 헤어
라인, 구레나룻, 턱, 인중 부위의 털을 제거하는 것이다. 눈썹 왁싱은 모
양을 디자인한 후 주변 잔털을 제거하면 눈썹이 더 짙게 보이기 때문에
눈썹 숱이 적은 분도 관리를 받는다. 눈썹 숱이 많은 사람은 두께를 조절
하며, 어울리는 눈썹 모양을 만들어내기가 쉬워진다. 헤어 라인 왁싱은
좁은 이마를 넓혀주기도 하고, 울퉁불퉁한 라인을 정리하여 세련된 이미

지를 연출해 줄 수 있다. 목덜미 라인 왁싱도 목선을 길게 보일 수 있도록 만들어주거나 삐져나오는 머리카락을 뽑아 깔끔하게 정리한다. 턱과 구레나룻 역시도 마찬가지이다. 매끄러운 피붓결과 톤을 위해 얼굴 전체 잔털을 제거하기도 한다.

특히나 눈썹은 작은 변화라도 이목구비를 다르게 보이게 하므로 아주 중요하다. 눈썹의 모양, 색채, 숱의 정도에 따라 분위기가 달라질 수 있다. 눈썹 모양에 따라 이미지가 세련되어지거나 어려 보이거나 인상이 부드러워지기도 하는 것이다. 사람마다 얼굴형, 눈썹과 눈의 간격, 미간의 간격뿐 아니라 체모의 두께, 양, 눈썹 뼈의 생김새 등 모두가 달라서 같은 디자인으로 연출해도 보이는 이미지 효과는 달라진다. 처음에는 아무래도 이 부분이 가장 어려웠다. 비슷하게 디자인을 잡아도 생각한 모양이 나오지 않았고, 사람마다 같은 모양도 다르게 연출된다는 사실을 익히기까지 꽤 오래 걸렸다.

오랜 세월 많은 사람의 인상 변화를 위해 일을 하면서 느낀 점이 있다. 관리하는 사람이 어떤 눈썹 모양을 선호하느냐가 그가 만들어내는 고객의 눈썹 모양에 많은 영향을 미친다는 것이다. 나도 역시 선호하는 눈썹 모양이 있었다. 물론 일자 디자인은 당시 가장 유행하던 눈썹이기도 했으며, 가장 무난하고 누구에게나 어울렸다. 그래서 많이 추천했다.

눈썹 관리 해주다 발견한 '존중'의 의미

여느 날처럼 한 여성 고객에게 원하시는 디자인이 있냐고 여쭤보았는데, 내가 가장 어렵다고 생각하는 디자인을 원했다. 순간 '자신이 없어서' 일자 디자인도 잘 어울릴 것 같다며 권유했지만, 그녀의 취향은 확고했다. 그녀가 원하는 디자인으로 모양을 잡아드리고 관리를 해드렸다. 자신이 없었던 디자인이었기에 시간은 조금 오래 걸렸다. 앉아서 대칭을 맞춰보고 있는데, 처음 그분에게 권유했던 순간이 머쓱해질 만큼 그녀가 원하던 아치형 디자인이 너무 잘 어울렸다.

그 순간 관리사로서 굉장히 부끄러웠다. 눈썹 가이드라인을 잡아주는 직업적 소양을 다하지 못함에 대한 회의감이 들었다. 고객들에게 내가 선호하고, 관리하기 편한 눈썹 모양을 강요했던 건 아니었을까. 일부러 강요한 것은 아니었어도 내가 힘들다고 생각하는 것을 피하려고 했던 것은 확실했다. 그날의 부끄러움이 내가 일하던 방식과 삶의 태도를 바꾸어 놓았다.

간지럽던 내 모습을 만회하기 위해 고객 한 분, 한 분이 가지고 있는 특성에 대해 파악하려고 노력했다. 사람을 볼 때면 얼굴 전체의 비율과 눈썹 모양이 어떤 게 어울리면 좋을지 생각했다. 그 생각들로 머릿속이 가득 차 있다 보니 사람들 눈썹만 보고 있는 직업병이 생기기도 했다. TV 속 인물들의 눈썹만 보고, SNS에서 사람들의 눈썹만 보면서 파고들었다.

공부한 디자인을 왁싱으로 표현하기 위해 연습했다. 그런 과정에서 숱한 좌절감을 맛보았고, 이 일이 내 적성과 맞는지에 대한 회의감도 수없이 들었다. 그 일련의 과정을 버티고 꾸준하게 노력한 결과, 한 디자인만 잘하는 사람이 아닌 사람마다 어울리는 눈썹을 연출해주는 사람이 되어간다. 나에게 가장 스트레스였던 부위가 이제는 내가 가장 자신 있는 부위가 되었다.

처음부터 고객들에게 어울리는 눈썹 디자인을 한 번에 알아보면 좋았겠지만, 그러하지 못했다. 처음부터 내가 선호하고, 자신 있는 눈썹 디자인만 고집하지 않았더라면 다른 디자인을 다루는 데도 능했을지도 모른다. 만약 그 여성 고객이 내가 자신 없는 디자인을 요구하지 않았다면 어땠을까? 내가 약하다고 생각하는 부분의 실력을 키우려는 노력을 게을리했을 것이다. 익숙한 것에 기본 값 되어 살다 보니 내가 어떤 부분에 익숙해져 고인 물이 되었는지도 알지 못했다.

많은 사람과 대화하면서 확신하는 부분이 있다. 사람은 누구나 자신이 보고 들은 경험을 우선시하는 경향이 있다. 사람은 저마다 어울리는 눈썹이 다르듯, 저마다 하고자 하는 일도, 할 수 있는 일도 다르다. 하지만 나도 나와 관계 짓는 모든 사람들을 내가 경험했던 것들로만 바라보았다. 전체를 아우를 수 있는 관점이 아닌 나의 감정만 담긴 주관적인 시각으로는 다른 삶을 존중할 수 없었다.

여러 눈썹 디자인을 다루고, 사람들마다 어울리는 눈썹 모양을 연구하면서 실력을 키웠듯이, 나는 인간적으로도 다른 사람의 이야기를 편견 없이 듣고, 다른 삶의 아름다움을 찾아주는 방법을 배운다. 인간관계의 스트레스 받는 우리에게 타인의 삶을 인정하고 존중하는 것이야말로 인간관계의 자신감을 주는 것이 아닐까.

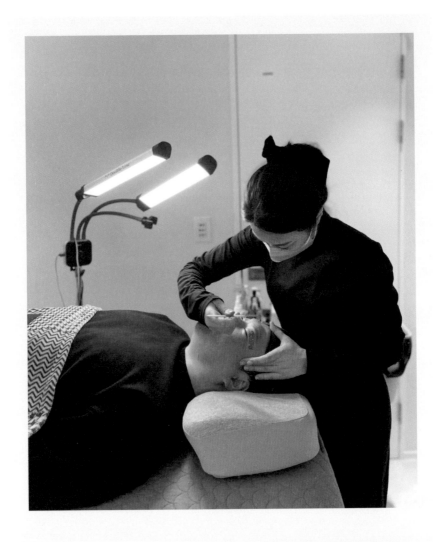

여러 눈썹 디자인을 다루고, 사람들마다 어울리는 눈썹 모양을 연구하면서 실력을 키웠듯이, 나는 또 인간적으로도 다른 사람의 이야기를 편견 없이 듣고, 다른 삶도 존 중하는 법을 배운다.

나는 아름다움을 찾아주는 왁서입니다

5.
나를 지키는 건 결국 '나'이다

"관계는 끊는 것이 아니라 서로 지키는 것이다."

— 안젤라 센

착한 것도 '지나치면' 호구니까, 스스로 지켜야 한다

나에게 정말 고마운 사람이 있었다. 그녀로부터 많은 도움을 받았다. 그래서 나는 그녀가 나에게 해준 배려에 대한 보답을 잊지 않으려고, 그녀가 하는 말을 무조건 받아들였다. 너무나 존경하던 분이었고, 고마운 분이었기에 그분에 대한 고마운 마음을 충성스러운 모습으로 표현했다. 하지만 그러다 일이 하나 터졌다. 그녀가 한 행동에 의문을 품은 것이다. 그 계기로 그녀와의 관계에 금이 가기 시작했다. 관계의 벌어진 틈 사이로 그녀의 불편한 말과 감정이 나에게 쏟아졌다.

"너는 그래서 안 돼!"

"너는 감각이 없어!"

"평생 라면만 먹어도 괜찮겠니?"

심지어 지금의 남편과 결혼한다는 말에도 내 삶을 부정당하는 말을 들어야 했다. 더 심한 말도 서슴지 않았다. 믿었던 만큼 배신감이 컸다. 그녀의 은근한 괴롭힘은 탈모가 진행될 만큼 스트레스로 다가왔다.

누군가의 도움의 손길이 의도치 않게 약점이 될 수 있다는 걸 처절하게 깨달은 시기였다. 그녀는 나의 마음을 이용했다. 나의 충성스러운 모습에 그녀는 나를 가족들과 분리시키려 했고, 나를 소유하려고 했다. 그 사람에 대한 고마움으로 참아왔던 나의 충성이 나를 하대해도 된다는 인정이 되어버렸다. 착하다는 표현보다는 미련하다는 표현이 맞을 정도로 나의 자존심까지 내어주었다. 뒤늦게 안 사실이었지만 이것이 곧 요즘 말하는 가스라이팅이었다.

내가 가스라이팅을 당할 것이라고는 생각하지 못했기에 그때의 현실을 받아들이기까지 오래 걸렸다. 관계를 끊어내는 것조차도 굉장히 힘들었다. 나는 2년 정도 사람 심리를 파고들었다. 범죄 프로파일링 프로그램을 정말 열심히 시청했다. 남의 마음을 탐하는 대표적인 심리를 파악하고 그 과정을 다루는 시청각 자료로 현재 상황의 문제점을 파악하고 싶었다. 고맙다는 이유로 거절하지 못하고 무조건 받아들이는 것은 호구가 되는 지름길이었다. 고마움에 보답하는 일은 응당 착한 사람의 마음이다. 하지만 상대의 불편과 불만을 모두 받아내며 나를 죽이는 것은 착한 마음과는 별개였다. 착한 마음이 지나친 것이었다.

세상에는 착한 사람만 있는 게 아니다. 남의 마음을 탐하는 못된 사람들이 많다. 대개 나처럼 착한 마음이 지나치면 상대가 나를 탐할 수 있도록 내 중심을 잃어버리는 경우가 있다. 중심을 잃지 말자. 그들은 교묘하게 우리 마음 영역에 스며들어 우리 마음을 조종하려고 한다. 우리는 착한 얼굴의 탈을 쓴 사람을 구별해야 한다.

그분에 대한 고마운 감정과 나 자신을 지키기 위해서 이 관계를 고민했다. 관계를 유지하면서 서로의 익숙함을 고쳐나갈 수는 없을 것 같았다. 고맙다는 이유로 내 인생에 주종관계를 끌어들이게 인정한 것은 분명 나였기에 그녀만 탓하고 싶지 않았다. 사소한 거절로 시작해 나는 그녀와의 관계를 서서히 끊어냈다. 그리고 깨달았다. 힘들게 관계를 끊어내지 않으려면 먼저 내 마음도 지나침에서 지켜내야 되는 것임.

6.
나의 가치는 내가 정해

"당신의 가치는 당신이 품고 있는 이상에 의해 결정된다."

– 발타자르 그라시안

직원으로 있던 가게를 그만두고, 역시나 우여곡절 끝에 개인 숍을 오픈했다. 숍을 오픈할 생각이 전혀 없었는데 바뀌게 된 계기가 있었다. 일을 그만두고 백화점 판촉 아르바이트를 한 적이 있었는데, 너무나 반가웠던 사람으로부터 무시하는 발언을 들었다.

"걘 일 그만두더니 판촉 하더라. 울타리 안에 있음을 감사하게 생각해라."

자존심이 상했다. 그리고 나의 가치를 생각했다. 내 시급의 수준이 그동안 내가 일한 것에 관한 결과라고 하니 씁쓸했다. 20대 중반을 기계처럼 일했던 피땀 눈물을 홀라당 날려버리는 기분이 싫었다. 철저하게 나를 파악하고, 나의 자산을 파악해서 현재 수준에 맞춰 첫 가게를 열었다. 작은 방 하나에 대기실이 있고, 따뜻한 느낌에 베이지 톤으로 꾸며진 나의 첫 공간이었다.

  대학 시절 첫 독립의 쓴맛을 느끼지 않으려고 개인 숍을 운영하는 데 필요한 예산과 어떻게 운영할지를 고민했다. 직원으로 일했을 때처럼 여유 없이 몸을 혹사하고 싶지 않았다. 과거의 나보다 체력이 달라졌기에, 장거리를 준비하는 마라톤 선수처럼 페이스 조절이 필요했다. 나답게 조금씩 천천히 나아가자는 다짐과 함께 개인 사업에 첫발을 내딛었다.

  인생은 내 마음대로 흘러가지 않았다. 다짐과 다르게 내 마음은 일희일비의 연쇄작용을 일으켰다. 손님이 다녀가서 기뻤지만, 다시 오지 않았을 때 뭐가 문제인지 파악하는 마음이 고되었다. 손님은 관리에 만족하고 가서 후기를 보내오는데도 내가 관리가 마음에 들지 않았다. 그동안 감정과 상황을 판단하는 데 이성적으로 생각하려고 노력했지만, 막상 운영하다 보니 감정이 요동을 쳤다. '내가 할 수 있을까? 이런 마음으로 사업을 하는 게 맞는 걸까?' 숱한 고뇌의 시간을 나는 온몸으로 감내해야만 했다.

한 달이 지나고, 두 달이 지나면서 조금씩 성과가 나타났다. 매일매일을 생각하면 천당과 지옥을 왔다 갔다 했지만, 한 달, 분기, 연별로 생각하니 매달 나아지고 있었다. 조금씩 주춤하는 달도 있었지만, 다음 달에 주춤한 만큼 이상의 성과가 올랐다. 점차 흐름이 보이기 시작했다. 그리고 자존감도 조금씩 올라갔다. 정리한 매출 그래프는 미미하지만 정확하게 우상향으로 올라가고 있었다. 하루 종일 판촉으로 벌던 금액 이상을 나는 몇 시간 만에 벌기 시작했다.

자존감을 건드리는 말은 때론 오기를 발동하게 한다. 오기를 발판삼아 나의 한계를 극복하는 법을 알아간다. 마음 상한 자존심을 감정적으로 표출하는 것이 아니라 나를 성장하는 원동력으로 키운다. 점차 우상향하는 결과로 나의 가치가 증명되며 회복되었고 나는 또 한 번 성장을 했다.

7.

젊을 때 고생은 사서도 한다

"고통이나 역경이 없는 인생은 그저 계획된 대로 움직이는 꼭
두각시에 불과하기 때문에 살아가는 기쁨이나 승리감을 맛보
게 하기 위해 일부러 고통을 준다."

- 할 어반

왁싱과 인생은 참 많이 닮았다. 사람이 예뻐지기 위해 혹은 불편함을
덜어내기 위해 털이 뽑히는 고통을 참아내야 하듯 인생에도 더 나아지기
위한 성장과 변화를 위해 숱한 시련과 고통을 견뎌내야 한다. 그 고통을
얼마나 참아내고, 이겨내느냐에 따라 결과의 만족도가 달라진다.

"한 번도 받지 않은 사람은 있어도 한 번만 받는 사람은 없다"는 말이
있다. 브라질리언 왁싱의 맛을 느껴보면 끊을 수 없는 마약과도 같다는
표현이다. 이는 왁싱을 받아본 사람들로부터 많은 공감을 얻었다. 고통

을 이겨내어 얻어낸 매끄러운 피부, 모(毛)가 없음으로써 느끼는 개운함, 위생적이고 청결함을 느껴본 사람만이 또 그 고통을 참아내며 왁싱을 받는다. 일정 시간이 지나면 모(毛)는 다시 자라고, 주기적으로 그 털을 제거하기 위해 또다시 고통을 기꺼이 감내한다. 5~6주에 한 번씩 주기 맞춰 왁싱을 꾸준하게 받다 보면 모근(체모의 뿌리)이 약해져 통증이 줄어들 뿐 아니라, 모가 얇아지고 줄어드는 모질 개선 효과도 느낄 수 있다.

우리의 삶도 마찬가지이다. 'No pain, no gain!'이다. 고통 없이는 얻는 것도 없다는 말이다. 삶의 모든 순간 앞에는 도전이다. 있는 그대로 살면 익숙할지는 모르지만, 도전해서 부딪치고 깨지다 보면 더 나은 방향으로 나아간다. 걸음마를 시작한 아이는 평균적으로 2,000번을 넘어진다고 한다. 2,000번 동안 넘어지고 일어서는 노력은 고통이지만 힘들어도 그 고통을 이겨내면 그 아이는 걷고 뛸 수 있다. 고통을 극복하면서 느끼는 성취감과 짜릿함이 삶의 질을 높인다. 다시 모가 자라듯 우리에게도 어김없이 시련은 계속해서 생긴다. 그런 상황에 불안해하기보다는 그냥 도전하여 그 고통을 받아들이다 보면 우리의 삶을 힘들게 하는 것들로부터 강해질 시기를 마주한다.

같은 사람에게 같은 왁스와 같은 테크닉으로 왁싱을 받았는데도 주무시는 분이 있는가 하면, 참을 만한 정도라고 하시는 분도 있고, 침대 시트가 촉촉이 젖을 정도로 땀을 흘려내며 통증을 온전히 느끼는 분도 있다. 첫 관리에 눈물을 찔끔 흘렸던 고객도 주기 맞춰 꾸준하게 관리 받으면 그 통증은 무뎌지기도 한다. 사람마다 통각의 정도가 다르고, 몸의 상태에 따라 같은 사람이라도 체감하는 통증이 달라진다.

인생도 마찬가지다. 같은 경험으로도 사람마다 시련의 정도를 다르게 받아들일 수도 있고, 같은 사람이어도 역경을 극복하는 힘이 단련되어 무뎌지는 경우도 있다. 왁싱으로 느껴지는 피부 고통도, 인생으로부터 오는 경험 고통도 '마음을 어떻게 먹느냐'에 따라 사람마다 참고 견뎌내는 '정도'가 달라질 뿐이다.

고통을 알고 방문한 고객은 생각보다 통증을 잘 참는다. 그리고 관리에 엄청 만족한다. 그렇다면 인생에도 적용한다면 어떠할까? 우리에게 닥칠 시련과 고통을 담대하게 맞이하면 되지 않을까? 나는 행복 총합의 법칙처럼 고통 총합의 법칙이 있다고 믿는다. 어차피 내 인생에 주어질 고통은 정해져 있다. 내가 지금 너무 힘들고 괴롭다면 내가 평생 감당해야 할 고통 중 일부를 감내하고 있는 중일 것이다.

모든 우주 만물의 질량과 에너지양이 정해져 있듯 인생사에서도 고통스러운 시간만큼 행복한 시간이 남아 있다는 말이다. 그렇다면 "젊을 때 고생은 사서도 한다"는 옛말은 현재의 고통과 시련을 받아들이고, 앞으로 나아가면 그만큼의 낙이 온다는 말이 아닐까. 왁서 일을 하면서 쌓아온 철학적인 생각이 자꾸만 시련이 가득했던 나의 어릴 적 어둠을 마주하게 한다.

다양한 삶의 역사가 스쳐 가는 이곳에서는 사소한 경험들이

나를 전지적 시점으로 바라보게 도와준다.

세공된 보석들의 아름다움에 반사되어 이전 나의 원석을 자꾸만 마주하게 된다.

왁서라는 직업을 통해 얻은 인생의 본질이 나라는 원석을 정교하게 세공하고 연마한다.

끝내 나는 다른 원석으로 갈고 닦여 다이아몬드가 된다.

그리고 다른 보석들의 아름다움을 찾아주며 나만의 광채로 빛난다.

2장

지하 깊은 곳에서
우리는
더욱 단단해진다

omniscient
beauty

고객들과 나눈 대화는 지난 내 삶의 역사를 되짚게 한다. 과거에 엉켜버린 실타래를 풀어가기 위해 끊임없이 과거의 나를 만났다. 과거를 되짚는 사이, 외면하고 싶었던 내면의 아이와 마주할 순간이 다가왔다. 내가 발견한 나라는 원석의 아름다움의 시작은 어디였을까. 그 시작점을 위해 나는 저 깊고 깊은 지하까지 내려가야 했다.

1.
어둡고 캄캄한 그곳은 마치 지옥 같았다

"내가 한때 사랑했던 어떤 사람이 나에게 어둠으로 가득한 상
자를 주었다. 내가 이것 또한 선물임을 이해하는 데는 몇 년이
걸렸다."

— 매리 올리버

똥통에 버려졌던 한 아이의 마음속 작은 구멍

'응애앵, 응애앵!'

1991년 2월 20일 새벽녘, 조용한 구인사에 아기 울음소리가 울려 퍼
진다. 우렁차게도 울리는 소리의 근원지를 찾아 스님은 이곳저곳을 쑤
신다. 이번에는 '흐으응, 흐으응, 엄마아 엄마아!' 어린아이의 울음소리
가 들린다. 이 새벽에 닭도 아니고, 깊은 산속 사찰 안에서 아이들의 울

음소리가 웬 말이냐. 귀를 자극하는 소리를 찾아 스님이 멈춰 선 곳은 사찰 내 화장실 앞이었다. 화장실 밖에 서너 살로 보이는 꼬마 아이가 스님을 보고는 울음을 멈춘다. 화장실 안에서는 여전히 '응애앵, 응애앵!' 하는 소리가 울려 스님은 꼬마 아이와 함께 재래식 변기 앞에 발길을 멈췄다. 갓 태어난 아기가 볼이 빨개져서는 자기 존재를 알리는 듯 똥통 안에서 울부짖고 있었다.

이 이야기는 구인사 재래식 변기 안 얼어붙은 찌꺼기들 사이에서 살아남은 나의 출생 이야기다. 나의 바로 위 언니는 내가 태어난 순간에 함께 있었던 유일한 사람이었다. 베일에 싸여 있던 그날의 진실은 언니의 얼굴을 기억하던 스님의 전화 한 통으로 드러났다. 엄마는 홑몸도 아닌 몸으로 아이 한 명을 데리고 울산에서 단양까지 도망치듯 올라왔다.

'5~6시간을 올라오면서 구인사에서 어떤 소원을 빌고 싶었을까?'
'엄마가 간절하게 기도하는 순간에 찾아온 갑작스러운 진통에 망연자실했을까? 그래서 엄마는 짐짝처럼 여겨진 우리를 똥통에 버려 감추고 싶었을까?'

언니와 나를 절에 두고 외가로 넘어갔던 엄마는 아빠의 연락을 받고 다시 우리를 찾아와 울산으로 넘어갔다. 울산에 없었던 아빠는 큰아버지와 큰어머니께 우리 셋을 부탁했고, 두 분이 터미널로 마중 나왔다. 큰어머니는 동상에 걸려 볼이 빨개진 아기 얼굴을 계란으로 문질러주었다고 한다. 34년이 지난 지금에서야 나는 출생의 비밀을 알게 되었다. 태어나자마자 버림받은 나는 마음속 작은 구멍 하나를 가지고 살아왔다.

화려한 고층 빌라 속 지옥 같았던 집

사람의 얼굴을 가리켜 '삶의 이력서'라고 일컫는다. 엄마는 아빠와 사는 동안은 지옥이었다. 내가 떠올리는 엄마의 얼굴은 암울 그 자체였다. 얼굴과 몸 곳곳에 멍과 상처가 가득했다. 엄마가 나를 임신하고 얼마 되지 않아 아빠의 사업은 기울기 시작했다고 한다. 승승장구하던 아빠의 나락 길은 시작부터 가속도가 붙었다. 나와 친구들이 기억하는 우리 집은 샹들리에가 높게 있는 고급 빌라였는데 겉만 화려했다. 우리 집에 놀러 온 친구들은 웅장한 집 안 모습에 "우와!" 했지만, 정작 우리 가족은 당장 쌀이 없어 굶어야 하는 현실의 연속이었다.

매일 빚쟁이들이 찾아와 문 두드리는 소리에 놀란 가슴을 부여잡았다. 신발도 벗지 않은 채 들어온 그 사람들은 집 안 곳곳에 빨간딱지를 붙였다. 아빠는 늘 화가 나 있었고 자기 기분에 따라 엄마와 언니들을 때리기 시작했다. 예의에 어긋나는 행동을 했을 때 어린 우리들은 폭력의 타깃

이 되었다. 집은 그 자체로 두려움이 가득한 공간이었다. 불안하고 어둑하기만 했던 그 고층 빌라에서 우리 형제자매들은 저마다의 방식으로 생존했다. 모두가 예민해졌다. 전쟁통 같은 집 안에서 서로에게 공격성을 뿜어냈다. 미워했고 증오했으며, 불안감을 채워줄 어떤 것을 집 안이 아닌 집 밖에서 찾는 이도 있었다. 사춘기라는 이름하에 일탈의 강도는 점점 세졌다.

남자로 오해받던 고집 센 *까까머리 소녀*

나는 초등학교 5학년 때까지 남자처럼 머리가 짧았다. 미용사인 고모가 주기적으로 우리 집에 와서 내 머리를 빡빡 밀었다. 하루는 친구 집에 놀러 갔는데 친구 엄마가 나를 보고 "예쁜 남자친구가 왔네."라고 했다. 나는 낭창한 척 "아니에요. 저 여자예요."라고 했다. 하지만 '남자'라는 단어가 가슴 깊이 박혔다. 내가 원해서 머리카락을 자른 게 아니었다. 아빠와 고모 때문에 나는 남자라는 소리까지 듣는 게 짜증이 났다. 날이 어둑해지자 친구 집에서 나와 집으로 갔다. 현관문을 열자마자 익숙한 신발이 보였다.

고모였다.

그때부터 내 몸은 파르르 떨리기 시작했다. 아빠는 들어오는 나를 보며 머리를 깎으라고 했다. 나는 곧장 엄마에게 달려갔다.

"친구 엄마가 나보고 남자라고 했단 말이야. 머리 안 자를 거야!"

소리 지르며 떼를 썼다. 이이이이잉~ 바리깡 소리가 들려왔다. 그리고 나는 필사적으로 주방 안에 있는 화장실로 들어가 문을 잠가 버렸다. 욕조 안에 움츠린 채 앉아 서럽게 울었다. 문밖에서는 아빠의 화난 목소리가 들렸지만, 끝까지 나가지 않았다. 체감상 몇 시간을 화장실 안에 틀어박혀 고모가 얼른 집에 가게 해달라고 빌었다.

잠시 후 엄마가 조용히 화장실 문을 두드리며 고모가 집에 갔다는 걸 알려줬다. 문을 열고 나와 주변 상황을 지켜보았다. 정말 고모가 가고 없었다. 아빠는 나를 보며 고집불통이라고 했다. 결국 그날 이후로 나는 머리를 밀 일이 없어졌다. 중학생 두발 자유 제한이 있을 때를 제외하고, 학창 시절의 내 머리는 언제나 허리까지 오는 정도의 긴 생머리였다.

하루는 친구 집에 놀러 갔는데 친구 엄마가 나를 보고 "예쁜 남자친구가 왔네."라고 했다. 나는 낭창한 척 "아니에요. 저 여자예요."라고 했다. 하지만 '남자'라는 단어가 가슴 깊이 박혔다.

나는 아름다움을 찾아주는 왁서입니다

예민함을 타고난 아이

나는 엄청 예민했다. 작은 소리에도 소스라치게 놀랐다. 새로운 환경에 가면 관찰은 필수였다. 주위를 살펴서 위험 요소가 없다고 판단되면 움직였다. 예민함 때문에 내면의 소리에 빨리 자극받았고, 주변의 자극에 대한 반응도 빨랐다. 사람의 표정 변화를 즉각적으로 알아차렸고, 보고 듣는 족족 머리에 새겼다. 오감을 통해 직접 느낀 경험에 대한 기억은 상세하게 머리에 저장해두었다. 자라면서 예민한 정도가 더 심해져서 할 일이 쌓이면 심적 압박을 견디기 힘들어 미루는 것을 싫어했다. 어느 정도의 기준이 없으면 불안했기에 도덕과 규범이라는 틀 안에 나를 가두었다. 그래서 융통성이 없었다.

예민함으로 비롯된 스트레스를 관리할 나만의 대응책을 찾지 못해 실수에 애달았고, 자책했다. 후회의 순간마다 불안정한 내 마음속 구멍의 크기는 자꾸만 커졌다. 어릴 적 폭력이 난무하는 우리 집 분위기는 나의 예민함에 검은 물을 들였다. 예민했기에 모든 게 힘들기만 했다.

말하고 표현하는 걸 좋아했던 나는 유일하게 엄마에게 시시콜콜 이야기하며 안정을 찾았다. 엄마의 표정 변화는 내 마음속 구멍의 크기를 줄이기도 했고, 키우기도 했다. 엄마는 나를 둘러싼 온갖 소음들로부터 늘 내 귀를 막아주었고, 늘 웃어 주었다. 유년 시절, 뒷집 할머니 집에서 동전 다발을 훔쳐 왔을 때도, 문구점에서 군것질거리를 몰래 훔쳐 먹을 때에도 엄마는 얼굴 한 번 찡그리지 않고 나를 안아주었다. 엄마가 안아줄 때마다 마음의 구멍이 작아져 나는 편안하다고 느꼈다.

어느 날 문구점에서 고개를 푹 숙인 채 사과하는 엄마의 모습을 보았다. 엄마의 간곡한 부탁으로 문구점 할머니는 나의 도벽을 알면서도 나를 혼내지 않고, 엄마에게 외상으로 달아놓았다. 점점 불어나는 외상값 앞에 할머니의 인내가 바닥나면서 결국 엄마는 호출되었고, 그 장면을 내가 목격한 것이다. 그리고 할머니가 오래 인내했다는 이야기를 구간 반복처럼 듣게 되었다. 나의 도벽을 아무도 모른다고 생각했었다. 하지만 아니었다. 그날 나는 모든 진실을 알게 되었다. 나의 울타리였던 엄마를 힘들게 했던 도벽과는 그 자리에서 바로 작별 인사를 나누었고, 그 자리에 양심이라는 굵은 못을 박았다.

동생을 쥐 잡듯 잡던 누나

뒷집 동네 친구 집에 놀러 갔다가 동전 다발을 보고 나는 눈이 휘둥그레졌다. 엄마가 좋아한다고 생각하는 동전이 비닐 팩에 잔뜩 쌓여 있는 것을 보고 내적 갈등을 느꼈다. 친구 집을 기웃거리며 기어코 나는 그 동전 다발을 훔쳐 나왔다. 그리고 곧장 엄마에게 달려가 동전 다발을 선물로 주었다. 하지만 엄마는 좋아하지 않고 화들짝 놀라며 어디서 났냐고 했다. 조용히 엄마 귓가에 속삭였다.

"엄마! 할머니 집에 동전 진짜 많아. 엄마가 좋아하니까 내가 가져올게."

그 말을 들은 엄마는 나를 안아주며 흐느꼈다. 영문도 모른 채 멀쩡히 서 있던 나는 뒷집 할머니가 소리 지르며 올라오는 소리에 화들짝 놀랐다. 옥상에 우산으로 만들어둔 나의 주황색 안식처에 얼른 숨어버렸다. 한참이 지나고 엄마는 우산 속에 웅크려 있는 나를 보며 말했다.

"엄마 동전 안 좋아해. 남의 집에서 훔쳐 오는 건 나쁜 거야."

나는 "응!" 하며 엄마의 표정을 살폈다. 엄마의 표정은 미묘해서 알 수 없었지만 좋지 않다는 건 느껴졌다.

내 밑으로 남동생과 여동생이 있다. 초등학교 친구들이 기억하는 나는 남동생에게 폭력적인 누나였다. 동생이 밖에서 무언가를 훔치거나 거짓말을 할 때면 나는 미친 듯이 동생을 찾아다녔다. 동생을 세차게 밀어 동생의 머리가 바닥과 마주치면 동생의 몸과 내 발은 맞닿아 있었다. 도장

찍어 내듯 발로 동생의 몸을 짓밟으며 거짓말과 훔치는 잘못된 행동에 대해 아빠에게 보고 배운 그대로 응징했다. 친구들이 나를 뜯어말릴 때까지 동생을 때려도 화는 쉽게 가라앉지 않았다. 성인이 되어 동생은 이런 말을 한 적이 있다.

"내가 어릴 때 누나한테 죽을 듯이 맞아서 훔치는 거랑 거짓말은 사춘기가 왔을 때도 안 했다."

나는 훔치기와 거짓말하기라는 두 가지 행동을 할 때면 분노를 참을 수 없었다. 엄마가 고개 숙이며 문구점 할머니에게 사과하는 장면과 동전을 훔쳐 온 나를 안으며 흐느끼는 엄마의 모습이 겹쳐 나의 분노는 하늘을 찌를 듯 솟구쳤다.

엄마의 가출

온몸에 멍이 나고 뼈가 부러지며 맞은 엄마는 여러 차례 가출했다가 자식 때문에 돌아와서는 또 맞았다. 엄마의 얼굴에는 점점 표정이 없어졌는데 가출했던 엄마와의 만남에서 보여준 밝은 미소는 여전히 잊히지 않는다. 우리를 버리고 갔다는 미움보다 그렇게라도 웃으며 살아가는 엄마의 모습을 응원하고 싶었다. 그때 나는 고작 초등학교 6학년이었다.

엄마가 가출해서 살던 그 아파트의 길은 여전히 또렷이 기억난다. 그 길 위에 섰던 장에서 엄마가 사준 탕수육은 꿀맛이었다. 엄마와 행복한 데이트를 끝내고 집으로 돌아왔다.

아빠가 어떤 아줌마 한 명을 데리고 집에 있었다. 우리 형제자매들에게 그 아줌마를 '엄마'라고 부르라고 했다. 나는 단번에 그 아줌마한테 엄마라고 부르며 친하게 지냈다. 그런 나를 보고 할머니는 속도 없는 년이라고 욕했다. 하지만 내가 그 아줌마한테 '엄마'라고 부르면 우리 엄마가 더 이상 이 지옥 같은 집에 들어오지 않을 것으로 생각했다. 속도 없는 나는 그렇게라도 엄마를 지키고 싶을 뿐이었다. 엄마가 가출하고 얼마 뒤, 집 주변 가게 주인분들이 친구들이랑 놀고 있는 나를 보며 수군댔다. 한 정육점의 아주머니는 내가 자주 놀던 친구의 엄마였다. 심지어 나는 그 아줌마가 본인 딸에게 하는 말을 듣게 되었다.

"쟤랑 놀지 말라고 엄마가 말했지?"

그 말을 들은 당시에는 억울하고 분했다. 내가 뭘 했다고 저런 말을 들어야 하나 했는데 나중에 그 이유를 알게 되었다. 엄마는 자식들에게 최소한이라도 먹이려고 상가분들에게 돈을 빌리고 끝내 갚지 못했다. 수군거리던 그 아줌마, 아저씨들의 마음도 이해가 됐다. 그 정육점 친구 집에는 한동안 갈 수 없었고 친구와의 사이도 멀어지게 되었다.

2.

어둠 속에서도 밝게 빛나는 반딧불처럼

"반딧불이는 폭풍에도 빛을 잃지 않는다. 빛이 자기 안에 있기 때문이다."

– 스와미 웨다 바라티

엄마의 웃음이 좋았던 어린아이

하루는 초등학교 운동장에 타이어로 둘러싼 철봉 주변에서 놀고 있었다. 나는 철봉에 거꾸로 매달려 있는 친구들의 주머니에서 차르르 떨어지는 동전을 보았다. 주워주려고 철봉으로 달려가 모래를 휘저었는데 거기서 크기가 다른 동전들이 계속 계속 나왔다. 아이들이 거꾸로 매달리면서 떨어진 동전들은 모래알 속에 숨은 보석 같았다. 그날로 엄마에게 달려가 보물찾기하고 온 이야기를 한없이 떠들었다. 주머니에서 모래가 뒤섞인 동전들을 끄집어내면서 기뻐하는 날 보며 엄마는 웃어주었다. 엄마가 웃으니까 기분이 너무 좋았다. 어렸던 나는 엄마가 동전을 좋아한다고 생각했다. 그래서 학교만 가면 철봉 아래 모래를 뒤적였고, 손톱에는 새까만 모래가 잔뜩 끼어 늘 지저분했다.

따뜻한 고봉밥과 미역줄기

아빠가 올 시간이 되면 안방 이불 밑에서 데워진 고봉밥을 꺼내왔다. 아빠의 고봉밥에는 늘 김이 모락모락 피어났고, 엄마의 밥은 누런색과 흰색 밥이 섞여 있었다. 아빠의 사업은 놀이공원에 있는 자이로드롭 놀이기구 같았다. 올라갈 땐 천천히 올라가고 내려올 때는 훅 떨어졌다. 중간에서 멈출 듯 주춤하다가 무섭게 땅으로 내리꽂아 떨어졌다. 들쑥날쑥한 수입에 우리의 밥상은 풍성했다가 빈약하길 반복했다. 그런 와중에도 엄마는 아빠에게 한 번도 찬밥을 준 적이 없었다고 했다.

해가 지는 시간만 되면 온 동네에 엄마들은 밖에서 놀고 있는 우리를 향해 소리쳤다.

"밥 먹자! 집에 들어와!"

실컷 놀다가 엄마들의 합창에 못 이겨 집에 들어가면 김이 모락모락

나는 밥이 있었다. 밥그릇에 꾹꾹 눌러 담긴 따뜻한 고봉밥은 엄마의 사랑이었다.

엄마 아빠가 나를 두고 잠깐 외출했다. 집에 혼자 있을 나에게 위험한 것을 만지지 말라며 신신당부하고 떠났다. 2~3시간 뒤에 다시 돌아올 테니 나가지 말고 집에 있으라고 했다. 부모님이 나가시고, 시계를 보았다. 돌아오신다고 하는 시간이 점심시간 언저리였다. 나는 엄마 아빠를 위해 밥상을 차려줄 생각으로 냉장고를 열었다. 밥솥에서 밥을 펐고, 얼른 안방 이불 밑에 가져다 두었다. 따뜻해지길 바라는 마음으로 안방 깊숙한 곳에 넣어두고 베개도 몇 개 올려놓았다. 엄마의 반찬들을 꺼냈다. 냉장고 속 검정 봉지 안에 미역 줄기가 있었다. 소금이 묻어 있는 생미역 줄기를 보고 나는 접시에 옮겨 담았다. 그리고 색동 밥상보로 덮어두고 엄마 아빠가 올 때까지 기다렸다.

기다리다 잠든 나를 엄마 아빠가 흔들어 깨웠다. 내가 차려놓은 밥상을 보고 부모님은 크게 웃었다. 자다 금방 일어나 비몽사몽인 채로 나는 안방에서 밥을 꺼내왔다. 뜨거워서 배꼽이 보일 정도로 옷으로 밥을 덮어 들고 오는 모습에 또 깔깔깔 웃음이 터졌다. 어제는 시장에서 미역 줄기를 사와서는 엄마 아빠 없이 혼자 피식 웃었다. 여전히 미역 줄기만 보면 행복했던 그날 우리의 웃음소리가 귓가에 맴돈다.

사랑의 김치 나누기

우리 집의 암흑기였다. 피바람이 불고 난 후, 어느 날이었다. 쌀이 떨어졌다. 더 이상 엄마의 따뜻한 고봉밥을 먹을 수 없었다. 배고팠고 서글펐다. 밖에서 문 두드리는 소리가 들렸다. 가슴이 쿵 내려앉을 것 같았다. 집 안에 있던 모든 식구가 긴장했다. 엄마가 조용히 나가 문을 열었더니 웬 아줌마들이 고무장갑을 끼고 낑낑대며 파란색 대형 고무 대야를 들고 왔다. 쌀 포대도 여러 개 들고 왔다.

한 아주머니가 물었다. "김순영 학생 집인가요?"

그리고 엄마는 큰 소리로 나를 불렀다. "이게 뭔가요?" 하며 엄마가 아줌마들에게 물었다.

"아, 김순영 학생이 신청했어요. 어디 두고 가면 되죠?"

기억 속의 나는 '올 것이 왔구나!' 하는 표정으로 서 있는데 사실 그걸 어디서 신청했는지 정확히 기억나지 않는다. 아빠는 그 무거운 김치 대야와 쌀 포대를 옮겼다. 그 아줌마부대가 나가고 아빠는 "너는 진짜 복덩이야." 하면서 안아주었다. 엄마도 얼른 주방에서 바가지를 들고 와 쌀 포대를 풀어 담아갔다. 밥이랑 김치만 있는 밥상이었는데 진짜 너무 맛있었다. 그렇게 나는 우리 집 쌀통을 몇 번이고 든든하게 채워냈다.

따뜻한 물이 얼음을 녹이듯

내가 어렸을 때만 해도 동네 친구들 모두가 모여 같이 술래잡기하고, '무궁화 꽃이 피었습니다'를 즐겼다. 땅따먹기로 시간 가는 줄 모르게 놀았고, 트램펄린을 타고, 쪽자(달고나)를 만들어 먹으며 놀았다. 오후 5시쯤 되면 소독차가 동네 방방곡곡을 뿌연 연기를 뿜으며 지나갔다. 동네 아이들 모두가 그 소독차를 따라다니며 깔깔거리며 웃었다. 우리가 모두 하나 되어 함께 놀다가 저녁 시간만 되면 엄마들의 호출로 집으로 갔다.

초등학교 고학년이 되면 친구들 집에 가서 놀았다. 타키에 로그인해서 컴퓨터로 채팅했고, 세이클럽에서 홈피를 만들어 개인 개성을 맘껏 뽐냈다. 나중에는 싸이월드에서 도토리를 모아 캐릭터에게 옷을 입히기도 했고, 홈피에 듣고 싶은 노래를 BGM으로 깔아두었다. 친구들의 홈피에 찾아가 사진마다 '퍼가요~♡'라는 댓글을 남기며 서로의 추억을 공유했다.

엄마 아빠가 안 계시면 친구 집에서 밥을 먹고 오는 게 당연했다. 옆집 사람들과 음식을 나눠 가지는 따뜻한 정이 가득한 시대였다. 친구들은 맑았고, 서로의 부를 시기, 질투 하지도 않았다. 따뜻했던 친구들과 함께 있는 시간이면 무엇을 하든 재미가 있었다. 지옥 같았던 우리 집만 벗어나면 따뜻한 공간이 가득했기에 나는 외롭지도, 춥지만도 않았다.

인생 첫 통장

초등학교 방학 숙제 중 하나가 내 이름으로 된 통장을 하나 만들어오는 것이었다. 엄마와 나는 집 근처 지역 농협에 가서 인생 첫 통장을 만들었다. 엄마는 나에게 천 원을 주며 그 돈을 통장에 넣을 것이라고 했다. 어렸던 나는 그 돈을 통장에 붙이는 줄 알았는데, 은행원은 나에게 1,000원이 새겨진 통장을 내밀었다. 엄마는 돈이 없어졌다며 금방이라도 울 것 같은 내 표정을 빠르게 읽었다.

"지폐에 적힌 숫자를 순영이가 기억해두면 돼. 돈을 은행 언니에게 가져다주면 기억한 숫자만큼 통장에 찍혀서 순영이 돈을 보관해 줄 거야. 주머니에 넣고 다니면 잃어버리니까 여기에 저금해놓자!"

엄마가 통장에 저금하는 법을 알려주었다. 그렇게 만들어 놓은 인생 첫 통장에 나는 돈이 생길 때마다 넣어놓았다. 나는 은행 가는 길이 너무 좋았다. 돈을 잃어버릴 일도 없고, 누가 훔쳐갈 일도 없어서 좋았다. 숫자의 개념을 알아가면서 덧셈한 숫자가 통장에 찍혀 나오는 게 재밌었다. 한때 은행원을 잠깐 꿈꾸었던 이유도 어린아이의 시선으로 본 그 은행원이 너무 멋있어 보였기 때문이었는지도 모른다.

3.
심장이 딱딱해져버렸으면 좋겠어

"빛은 그 어떠한 것보다 더 빠르다고 생각하지만, 그것은 잘못된 것이다. 빛이 아무리 빨리 달려도, 어둠은 항상 그곳에 먼저 도착해서 빛을 기다리고 있다."

― 테리 프래쳇

눈물 자국이 깊게 남은 초등학교 졸업식

초등학교 졸업식이었다. 엄마와 아빠가 오지 않았다. 친구 부모님들이 나랑 친구랑 같이 있는 사진을 찍어주셨고, 독사진도 찍어 주셨다. 독사진을 찍어주실 때면 친구의 꽃을 나에게 주면서 들고 찍으라고 했다. 졸업식이 다 끝나가는데도 부모님이 오시지 않아 사진을 찍다가 집으로 달려갔다. 숨을 헉헉거리며 집으로 올라갔는데 엄마가 준비는 다 한 채 나오지 못하고 있었다.

"엄마 왜 안 와?" 나는 물었다. 엄마는 당황해했다. 큰언니가 돈을 엄마에게 건네며 말했다.

"아직도 안 갔어? 애 기다리는데 안 나가면 어떡해! 엄마 이 돈 들고 갔다 와!"

엄마는 또 돈이 없어서 못 오고 있었다. 나는 울면서 다시 학교로 갔다. 학교에 갔을 때는 이미 졸업식이 끝나 있었다.

교문 앞에서 한 아주머니가 사탕으로 만든 꽃다발을 떨이로 팔고 있었다. 나는 초등학교 등나무 아래 계단에서 다리를 끌어안고 앉았다. 머리를 푹 숙인 채 풀이 죽어 하염없이 울고 있었다. 갑자기 멀리 교문에서 "순영아!" 하며 나를 부르는 소리가 들렸다. 떨구었던 고개를 들고 보니 엄마가 그 사탕 꽃다발을 들고 있었다. 달려가 엄마한테 안겼다.

"엄마 왜 이렇게 늦게 왔어?" 묻자,
엄마는 "늦어서 미안해, 배고프지? 자장면 먹으러 가자." 했다.

학교 근처 자장면 집에서 나는 눈물의 자장면을 먹어야 했다. 초등학교 졸업식 때 나는 결국 엄마 아빠랑 함께 찍은 사진을 남길 수가 없었다. 대신 내 마음속, 내 기억 속 그날의 눈물 자국만 남기게 되었다.

죽도록 미웠던 언니들

나에게는 4살과 7살 터울의 언니도 둘이 있다. 내가 초등학생일 때 언니들은 중학생과 고등학생이었다. 내가 기억하는 큰언니는 급식비가 밀렸다며 엄마에게 짜증을 냈다. 언니가 소리를 지르면 작은 어깨의 엄마는 더 움츠러들었다. 작은언니는 사춘기가 왔다. 자꾸 말썽을 피웠다. 작은언니 학교에서는 엄마를 불러내 청소를 시켰다. 엄마는 그럴 때마다 언니에게 화 한 번 내지 못하고 조용히 청소하고 왔다. 그런 언니들을 보면 나는 화가 났다. 언니들이 엄마에게 짜증 내고 못살게 구는 이유는 돈이라고 생각했다. 그래서 철봉에서 주운 돈이나 어른들이 주신 용돈을 차곡차곡 모아서 엄마한테 주었다. 뒷집 할머니 집에서 돈을 훔쳐 와서도 엄마에게 줬다. 엄마는 그럴 때마다 나를 안아주며 울었다.

하루는 작은언니랑 싸운 적이 있었는데 바락바락 우기며 지지 않으려고 맞섰다. 내가 언니에게 실수한 것 같은데도 나는 언니에게 미안하다고 말하고 싶지 않았다. 어릴 때 나는 그렇게 언니들을 미워했다. 하지만 언니들이랑 싸우면 엄마의 표정이 좋지 않았다. 그래서 나는 미워하지 않는 척을 했다.

심장 발작

중학교 1학년, 안방에 아빠를 제외한 가족이 모두 모여 있었다. 나는 엎드려 누워서 수학 수행평가를 하고 있었고, 다들 제 할 일을 하고 있었다. 자고 있던 엄마가 갑자기 "윽!" 하면서 소리를 냈다. 우리는 놀라 일제히 엄마를 쳐다보았고, 엄마가 갑자기 이상한 토를 하기 시작했다. 큰언니가 엄마를 안았다. 나는 얼른 119에 신고했다. 아빠한테도 전화해서 엄마가 이상하다고 했다. 조용한 밤, 119 구급대가 우리 집 앞에 섰다. 나는 다급하게 아저씨들을 모시고 집으로 올라갔다.

큰언니 품에 안겨 엄마는 맥없이 늘어져 있었다. 큰언니와 구급대 아저씨는 병원으로 가고, 나와 동생들은 집에 남아 울면서 무릎 꿇고 빌었다. 살기를 바라기보다 차라리 죽어서 더 편하게 살라고 빌었다. 그러다가도 울면서 "아냐. 엄마 그냥 살아줘. 내가 잘할게." 하며 빌었다. 나는 동생들을 일으켜 집 안을 치우기 시작했다. 설거짓거리가 쌓여 있었다. 이불이 뒤엉켜 있었다. 설거지하면서 동생들한테 이불을 개라고 시켰다. 엄마가 다시 오시면 할 게 없어야 한다며 정신이 반 나간 채로 다급하게 청소했다. 그러던 중에 갑자기 따르릉 집 전화기가 울렸다. 긴장 속에 수화기를 들었다. 수화기 너머로 엄마는 우리를 두고 다시는 돌아오지 못했다는 이야기를 들어야 했다. 전화기는 내 허리를 툭 치며 힘없이 떨어졌다.

엄마는 큰언니 품에 안겨 끝까지 정신을 놓지 않으려고 마른 팔로 언니 손을 꽉 잡았다고 했다. 어린 자식들을 두고 떠나는 엄마의 마음은 오죽했을까. 엄마가 돌아가시던 당시 막내 여동생은 초등학교 1학년이었다. 엄마의 장례식장에서 세상천지도 모르고 웃으며 돌아다니는 막내 여동생. 그 장면이 내가 기억하는 엄마의 마지막 가는 길의 모습이었다.

돈이 없어서 병원 치료를 제때 받지 못해 병을 키우다 돌아가신 우리 엄마를 생각하면 나는 정말 악착같이 '잘' 살아야지 생각했다. 유일하게 아빠의 폭력을 막아주던 나는 엄마와의 추억이 많았다. 절에 새벽기도 간다고 나가는 엄마를 따라 나와 어두운 밤길의 가로등이 되어 주었다. 잠을 떨치려 무한 반복되는 끝말잇기 시간이 나는 너무 즐거웠다. 일 마치고 돌아오는 엄마의 퇴근 시간에 맞춰 엄마가 걸어오는 길에 항상 서 있었다. "엄마!" 하며 달려가면 엄마는 나를 그렇게 꼬옥 안아주었다. 추운 겨울날 따뜻한 붕어빵을 하나씩 나눠 먹으며 호호하던 엄마가 이제는 나의 추억이 되었다.

이성이라는 갑옷

엄마가 돌아가시고 엄마의 영혼은 끝나지 않을 것만 같았던 아빠의 폭력성을 단숨에 잠재웠다. 전쟁통 같았던 집은 고요해졌고, 나는 아빠와 형제자매 모두를 엄마를 힘들게 했던 사람들로 머리에 저장했다. 부정적 감정의 집합체를 꽁꽁 얼려둔 채 마음의 문을 닫아버렸다. 엄마가 돌아가시고 난 후부터 집과 가족에 대한 기억이 없다. 엄마가 어디선가 보고 있을 생각에 그냥 친구들이랑 사이좋게 지냈고, 선생님 말씀을 잘 들었다. 가슴에 못 박아둔 양심을 기반으로 나는 '정직한 마음'을 똘똘 뭉쳐 살았다. 도덕과 규범, 어른들의 말씀에 귀 기울였다. 하지 말라는 건 하지 않았다. 부정행위를 하는 친구들을 지적했다. 그때의 나와 연상되는 이미지는 그냥 선도부장이었다.

친구 부모님들이 나를 좋아했다. 나는 싹싹했고, 친구 부모님들에게 곧잘 '엄마'라고 불렀다. 잘하든 못하든 성과와 결과에 상관없이 그냥 학생답게 살았다. 선생님들은 내가 엄마를 잃었다는 사실을 알면 놀라워했다. 나는 늘 밝았고, 친구들을 잘 챙기는 똑 부러진 이미지였다. 엄마가 돌아가시고 나는 엄마의 존재가 원래 없는 아이처럼 살았다. 기쁘고, 슬프고, 힘들고, 지치는 모든 순간에 엄마는 생각나지 않았다. 문득 떠오르는 엄마의 추억은 나를 뭉클하고 울컥하게 했지만, 그 순간일 뿐이었다.

나는 촉이 좋은 편이다. 아마도 예민함에 마음 다칠 나를 위해 엄마의 영혼을 담아 촉으로 알려주고 있다고 생각했다. 물론 모든 선택을 촉에만 의지할 수는 없었다. 촉은 말 그대로 섬광처럼 순간 반짝였다 사라지는 즉각적인 감각이기 때문에 금방 사라졌다. 엄마의 도움 없이도 나는 내 마음의 구멍을 채워줄 무언가를 스스로 구해야 했다. 그때부터 나는 감성이 아닌 이성이라는 갑옷을 찾아 스스로 마음을 지켜냈다.

가난의 수준

겨울이면 머리통이 깨질 듯이 오는 고통을 참아내며 씻어야 했다. 월경 기간이 오면 생리대가 없어 팬티 사이에 휴지 뭉치를 두어 일주일을 보냈다. 매달 꼬박꼬박 터지는 내 자궁이 야속하게만 느껴졌다. 전 학년 학생이 듣는 스피커로 행정실에서 급식비를 내지 않는 학생의 이름을 일일이 호명했다. 행정실에 불려 가면 행정직원이 밀린 급식비가 찍힌 종이를 잘라 주었다. 나는 그 종이를 큰언니에게 가져다줄 엄두가 나지 않았다.

하루는 담임 선생님이 평소와 다르게 시무룩해 있는 나를 불렀다.

"순영아, 학교에 급식비를 지원해 주는 제도가 있어. 선생님이 순영이 신청해 줄 테니까 급식비 생각하지 말고 점심 먹을래?"

그 말을 듣는 순간 나는 또 눈물이 터졌다. 기어가는 목소리로 "감사합니다." 하며 교무실을 나왔다. 그 이후로 나는 큰언니에게 그 종이를 주지 않고도 점심을 먹을 수 있었다. 학년이 올라 담임 선생님이 바뀔 때마다 나는 자연스럽게 집안 사정과 급식비 지원에 관한 이야기를 먼저 꺼냈다. 새 담임 선생님들은 이전 담임 선생님으로부터 나의 사정을 듣고 내가 급식비를 지원받을 수 있도록 힘써주셨다.

찢어지게 가난했던 그때 그 시절, 나는 더 독해질 수밖에 없었다. 친구들이 공부하거나 놀러 다니는 주말이면 나는 김밥 파는 가게에서 시간제로 일을 했다. 빨간색 앞치마를 맨 채 은색 사각 쟁반 위에 가득 올려진 식기를 들고 배달하러 다녔다. 싹싹한 내 모습을 기특하게 여긴 좋은 어른들이 팁을 주었다. 선생님과 팁을 주던 좋은 어른들에게서 나는 따뜻한 정을 느꼈고, 굳어가던 심장의 속도는 조금씩 더뎌졌다.

4.
나만 힘든 게 아니었구나

"아버지는 보물이요, 형제는 위안이며, 친구는 보물도 되고 위
안도 된다."

– 벤자민 프랭클린

첫 번째 가장

불행 중 다행인 것은 아빠가 엄마가 돌아가시고 난 후부터 조금 바뀌
었다. 물론 자식들보다 본인 인생이 먼저였던 아빠의 모습이 자식들에
게 헌신했던 삶으로 바뀌었다는 것은 아니었다. 분풀이 대상이 없어져서
인지 예전의 자기 모습에 일말의 반성이라도 느껴서인지는 알 수 없지만
폭력을 행사하는 아빠의 모습은 자주 보이지 않았다. 아빠는 원래부터
집에 잘 들어오지 않았다. 아빠는 있었지만, 역할은 부재했다.

높고 넓었던 고층 빌라에서 점점 좁고 낮아진 반지하로 터를 옮겨 다녔다. 쾌쾌하고 습한 냄새가 가득했던 그곳에서 우리 형제자매들만 한동안 오래 머물렀다. 갓 스무 살이 된 큰언니는 어린 동생들의 가장이 되었다. 공부 잘했던 우리 큰언니는 자기의 꿈도 펼치지 못하고 어린 동생들을 위해 밤잠 설쳐가며 일했다. 그렇게 힘들게 번 돈으로 우리에게 최소한의 먹을 것과 입을 것을 제공했다. 큰언니는 본인의 꿈과 구렁텅이와 같은 현실 사이에서 잠을 줄여가며 공부와 일을 병행했다. 그리고 점점 까칠해져 갔다. 철없던 동생들은 큰언니의 날카로운 신경이 거슬렸다. 우리를 위해 희생하고 있다는 사실은 잊은 채 큰언니의 예민함에 눈치 보는 것만 생각했다. 나는 큰언니를 이해하려고 노력했지만, 그냥 찬 공기 돌아가는 그 집 안 분위기가 너무 싫었다.

해수욕장에서 깔깔거리던 두 여학생

유난히 친구들이 보통 이상으로 잘 살았다. 오후 네 시 하교 시간이 되면 다들 학원을 갔다. 나와 친구 한 명은 어려운 사정에 학원을 갈 수 없었다. 그때는 서로 어떤 사정인지 묻지 않았다. 그냥 비슷한 이유로 우리는 일을 해야 했다는 사실만 알았다. 그렇게 우리는 서로에게 의지하며 그 힘든 나날을 버텼고, 그 친구 덕분에라도 웃었다. 다른 친구들이 학원 가서 공부하는 사이 우리는 함께 아르바이트할 수 있음에 감사했다.

당시 우리가 다니던 중학교에서 차를 타고 1시간 넘게 걸리는 위치에 진하해수욕장이라는 곳이 있었다. 그곳에서 우리는 전단 아르바이트를 했다. 장당 10원 하는 수천 장의 전단지를 받아 집마다 일일이 붙였다. 그 먼 거리를 봉고차에 우리를 태워 내려다 준 아저씨를 따라다녔다. 그 때는 그게 위험한 행동인지도 몰랐다. 그런 봉고차가 여러 가지로 이동 수단이 되었던 시대였다. 지금 생각하면 정말 무모했다. 우리의 불행한 상황에서도 나쁜 사람으로 인해 상처받는 일은 없어서 다행이었다.

여전히 그 해수욕장을 지날 때면 그 친구와의 추억이 선명하게 기억난다. 사소한 모든 기억은 사라져도 그 기억만큼은 지워지지 않는다. 전단지를 다 돌리고 집에 데려다 줄 아저씨를 기다리는 동안, 교복 입은 두 여학생은 해수욕장 모래사장을 해맑게 웃으며 뛰어다녔다. 외롭고 고독했을 시간을 친구와 함께할 수 있었다는 사실에 취해 노을 지는 그 바다 풍경을 뒤로하여 우리는 그렇게 깔깔거렸다.

두 번째 가장

할머니, 아빠, 그리고 나와 두 동생이 함께 살게 되었다. 큰언니는 서울로 교환학생으로 떠나버렸고, 작은언니는 친척 집에 얹혀살면서 대학교에 가지 않고 바로 사회생활을 했다. 나는 고등학교 진학을 앞두고 그 당시 집과 가까운 학교에 지원했다. 하지만 지망했던 세 학교 모두 떨어졌다. 7시 50분까지 학교에 가야 했는데, 살고 있는 집에서 내가 합격한 고등학교는 버스로 또 50분이 넘는 거리를 가야만 했다. 생각대로 되지 않아 짜증이 났다. 이불을 덮어쓰고 몇 시간을 서럽게 울었다. 통학은 무리수라고 느꼈다. 이상하리만큼 가부장적이고 엄격했던 아빠는 작은언니의 독립을 나와 함께 사는 조건으로 허락해 주었다. 지금에 와서야 돈은 1원도 지원해 주지 않으면서 '허락'을 하고 말고에 관여하는 것이 이해되지 않지만, 그때는 그게 자연스러웠다.

주택이 줄지어진 동네에 한 건물 대문에 들어서면 건물 안 깊은 곳 화장실 딸린 작은 쪽방이 있었다. 작은언니와 나는 그곳에서 둘만의 동거를 시작했다. 언니와 함께 살면서 꽁꽁 얼어 녹지 않을 것만 같던 내 마음이 서서히 녹기 시작했다. 엄마 다음으로 처음 가족에게 의지하는 사람이 생겼다. 그 좁은 방에 두 동생이 놀러 왔다. 동생들이 언니와 나를 부러운 눈빛으로 바라보았다. 그들의 표정이 그간 아빠와 살면서 얼마나 고통스러웠는지 말해주었다. 여차저차해서 넷의 동거가 시작되었고, 큰언니의 빈자리를 작은언니가 다시 채워주었다. 네 명 모두 제각각 다른 이유로 얼어붙은 부정적인 감정을 좁은 쪽방에서의 온기로 녹여내고 있었다. 그렇게 내 마음속 구멍의 크기 역시도 조금씩 작아지고 있었다.

이사가 의미하는 것

아빠가 조금 지원해 주고 작은언니가 번 돈으로 우리는 조금 더 큰 집으로 이사를 갔다. 가난의 절정을 달리던 반지하 집에서 벗어나고, 우리는 점차 땅 위로 집을 옮겨 다녔다. 건물 깊숙이 숨어 있던 방에서 조금 더 나오게 되는 집으로 살림이 조금씩 나아졌다. 큰언니까지 돌아와 우리는 또 한 번의 이사를 했다. 반지하—1층—2층—4층으로의 이사는 똘똘 뭉친 우리의 성장을 의미했다. 아빠는 있었지만 역시나 역할은 부재했다. 나와 내 동생에게는 큰언니가 아빠였고, 작은언니가 엄마였다. 언니들의 노력으로 집과 기본 생활은 가능해졌지만, 개인 용돈은 직접 벌어서 썼다.

부모님의 부재는 우리 형제자매 모두에게 있었다. 과거 피차없이 발산했던 공격성은 서로의 온기로 약해져 갔고, 서로가 탓했던 시기에 받았던 상처는 아물어가고 있었다. 우리 형제자매들은 서로를 의지하게 되었다. 결국 그 부재는 우리의 독립심과 생활력을 키워주었다. 형제자매들에 대해 꽁꽁 얼었던 내 마음도 녹으면서 더 이상 누구도 미워하지 않았다. 엄마에 대한 나의 과도한 애착은 점점 안정을 찾아가고 있었다.

'형설지공'이라는 고사가 있다. 가난한 사람이 반딧불과 눈빛으로 글을 읽어가며 고생 속에서 공부함을 일컫는다. 고사의 주인공 손강은 집이 가난하여 기름을 살 돈이 없었다. 겨울이면 항상 눈빛에 비추어 책을 읽었고, 차윤은 여름에 낡은 명주주머니에 반딧불이를 많이 잡아넣어 그 빛으로 책을 비추어 낮처럼 공부하였다고 한다. 나 하나의 반딧불이 빛은 힘이 없지만, 힘든 사정 속 함께한 반딧불이가 모이니 빛에 힘이 생긴 것처럼 우리 형제자매들도 똘똘 뭉치니까 점점 더 단단해졌다.

나 하나의 반딧불이 빛은 힘이 없지만, 힘든 사정 속 함께한 반딧불이가 모이니 빛에

힘이 생겼다. 우리 형제자매들도 똘똘 뭉치니까 점점 더 단단해졌다.

5.

현실의 벽에 부딪쳐봐야 나를 알게 된다

"먼저 자신의 가치를 발견하라. 이것만큼 소중한 것은 없다. 자신의 가치를 발견하지 못한 사람은 스스로를 함부로 대한다."

– 장자

선택에는 반드시 대가가 따른다

성인이 되었다. 대학 입학을 위해 나는 고향을 떠나 타지 생활을 시작했다. 이전에 어디선가 보았던 낭만적인 대학 캠퍼스 생활은 우리 집 형편에서는 상상도 하지 못할 일임을 간과했다. 모두가 '대학'을 위해 공부했고, 꼭 가야 하는 필수 과정이었다. 엉겁결에 선택한 대학 생활은 나에게 그냥 맨땅에 헤딩이었다. 나는 남들과 같은 평범한 길 위에서 속수무책으로 수백만 원의 등록금을 마련해야 했다. 가족과 학교라는 울타리에서 벗어나 독립의 첫발을 내디디며, 나는 제일 먼저 아르바이트를 구했다. 비싼 등록금을 '대출'이라는 제도로 겨우 구했지만, 타지에서 살아남는 방법은 부지런해지는 것이었다. 24시간 안에 생활비와 다음 학기 등록금을 벌어야 했고, 매일 생기는 과제와 맡게 된 일을 착실히 수행해야 했다.

대학 시절 '알바몬'이라는 영예로운 별명을 얻으며 밤낮으로 아르바이트하고, 학업에 최선을 다했다. 방학 때 벌어둔 돈을 차곡차곡 모아 2학기 학교생활에 보탤 수 있도록 대비했다. 1학년 2학기 시작을 앞두고 '장학금 제도'를 알게 되었다. 아르바이트의 시간을 조금 줄이고 장학금을 탈 수 있도록 성적관리에 신경 썼다. 학과에서 가는 MT나 사람들과의 술자리에 되도록 참여하지 않았다. 부지런하게 해야 할 일을 수행해놓지 않으면 임무가 쌓여 더 힘든 나날을 보내야 했다. 멋모르던 시절이었기에 꼼수를 쓸 여유도 없었다. 매번 주어진 상황을 책임지려고 아등바등 최선을 다할 뿐이었다.

아르바이트와 학업을 병행하며 임무 완료하는 성취감 뒤에 조용히 우울감이 자기 영역을 펼치고 있었다. 든든한 정신적 지주였던 가족과 친구들로부터 떨어진 타지에서 나는 또 혼자가 되었다. 작아졌던 마음의 구멍이 조금씩 커지고 있었다. 갑작스럽게 몰려오는 책임감의 무게가 나를 짓눌렀다. 몸에 점차 힘이 풀리고, 모든 것이 하기 싫어졌다. 눈앞에서 쌓여가는 해야 할 것들이 나를 벼랑 끝으로 내몰았다. 내 상황과 사정을 고려하지 않은 선택은 브레이크가 고장 난 차인 줄도 모른 채 운전하는 모습과 비슷했다. 모든 걸 내려놓고 싶었던 삶이었다. 그래서 하지 말아야 할 생각까지 하게 되었다.

도서관 근로 장학생으로 일을 했다. 당시 나의 담당 구역이었던 북 카페 사서 선생님에게 힘들었던 마음을 표현했다. 그녀와 대화하며 속 이야기를 다 꺼내놓았더니 브레이크가 고장 났다는 걸 알게 되었다. 벼랑 끝으로 질주하는 자동차를 가까스로 선생님이 멈춰주었다. 그리고 나를 '책'이라는 정비소에 맡겨 문제의 원인을 찾도록 해주었다. 사서 선생님이 추천해 주신 책 안에 100권 책 읽기 프로젝트에 참여하여 닥치는 대로 책을 읽기 시작했다. 지푸라기라도 잡는 심정으로 읽었던 그 모든 책에서 '나를 알아라.', '현상에 집중하지 말고 본질을 파악하라.'라고 말하고 있었다.

'나는 어떤 사람이 되고 싶은가?'
'나의 배우자는 어떤 사람이길 원하는가?'
'내가 성공할 수밖에 없는 이유(장점)'
'내가 성공하지 못하는 이유(단점)'

나를 알아가는 방법에 대해서 알려주는 이가 없어서 무작정 종이에 생각나는 대로 적어 내려갔다.

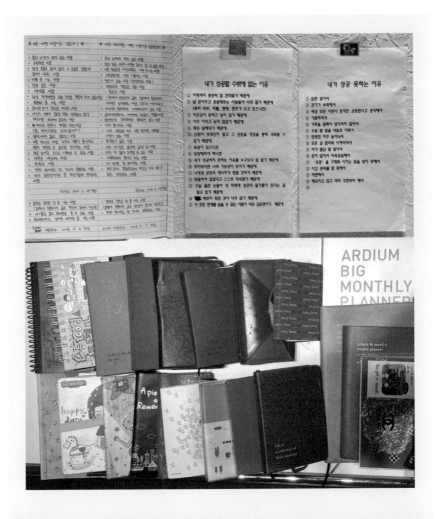

지푸라기라도 잡는 심정으로 읽었던 그 모든 책에서 '나를 알아라.', '현상에 집중하지 말고 본질을 파악하라.'라고 말하고 있었다. 나를 알아가는 방법에 대해서 알려주는 이가 없어서 무작정 종이에 생각나는 대로 적어 내려갔다.

터닝 포인트

나에 대해서 진지하게 고민하고, 종이에 적어 내려간 것들의 내용을 읽을수록 나의 민낯을 마주하는 기분이었다. 나의 내면을 훤히 들여다보니 스스로에게 솔직하고 싶어졌다. 부끄러움을 마다하고 책상 앞 보이는 곳에 그 종이들을 붙이고, 매년 쓰는 다이어리마다 그 내용을 반복해서 적었다. 해야 할 일에 치여 앞으로만 갈 줄 알았던 나의 자동차는 드디어 액셀과 브레이크를 넘나들며 편안하게 운전할 수 있는 법을 알게 되었다. 쫓기는 삶이 아닌 내가 원하는 코스로 드라이브하기 위해 나 자신과 끊임없이 대화를 이어나갈 수 있었다.

나와의 대화를 통해 나도 모르는 사이 나만의 신념이 만들어지고 있었다. 그 신념은 삶의 방향성을 알려주었고, 내가 만든 신념의 옳고 그름을 판별하기 위해 책을 읽어서 다른 사람의 생각을 들여다보았다. 그 신념의 이유를 다른 사람의 글을 통해 더욱 명확화했고, 나와 다른 신념의 관점을 바라보며 내 생각을 조정하거나 보완하는 연습을 했다.

우리는 10대에는 '대학', 20대에는 '취업'이라는 사회적 목표를 위해 열심히 달린다. 하지만 사회적 목표가 있기 전에 '나'라는 사람에 대해 먼저 알아야 한다. 상황과 배경을 고려하지 않고 휩쓸려서 하는 선택에 대한 책임은 너무나 크다. 학창 시절에 우리는 본인 자신을 알아가는 과정에는 소홀히 하는 경향이 있다. 이유는 단순하다. 나 자신을 알아야 할 필요성을 느끼지 못했기 때문이고, 알아가는 방법을 몰랐기 때문이기도 하다. 그 시절 가정과 학교에서 우리가 '나' 자신에 대해 알아갈 수 있도록 길을 다듬어주었으면 하는 아쉬움이 들기도 했다. 하지만 누구를 탓하기보다 스스로 주체성을 가지고 나아가면 된다는 걸 나는 책을 통해 배웠다.

누군가는 이야기하기도 하고, 일기를 쓰기도 하며, 그림을 그리기도 하고, 또 누군가는 음악을 만들어 자신을 알아가기도 한다. 나처럼 막막한 현실이 답답하고 나락으로 떨어지는 느낌이 든다면 브레이크가 필요한 시점이며, 정비소에 점검 맡기듯 스스로와 주변을 되짚어보아야 하는 시기일 수 있다. 무작정 이겨내려는 방법은 사람을 지치게 한다. 자동차의 상태, 액셀의 강약 조절, 브레이크의 강약 조절을 아는 것, 그것이 바로 본인을 아는 것이다. 나는 돌아가고 싶지 않을 만큼 치열했던 나의 대학 생활의 한순간에서 '나'를 알아갔다. 힘들고 고된 순간이 어쩌면 나를 돌아볼 절호의 기회이다.

6.
생각의 전환이 만들어낸 끌어당김의 법칙

"인생의 행복은 '현실 안주'에서 나오는 것이 아니라 '방황의 끝'에서 피는 꽃입니다."

‒ 김형태

방황 속에서도 나를 위한 선택

대학 생활은 역시나 순탄하지 않았다. 돈에 압박이 되는 상황이 계속 생겼다. 방학 때 울산에 내려간 사이 내가 맡던 자리에 다른 아르바이트생이 오면서 학기 중에 아르바이트 자리를 잃었다. 어렵게 구한 주말 아르바이트는 기숙사 통금 시간이 지나서 마무리되었다. 새벽에 일을 끝내고 갈 곳을 잃은 나는 도서관에서 밤을 꼴딱 새웠다. 반액 장학금을 받아둔 상황에서도 기숙사비 90만 원이 없어서 휴학을 선택해야 했다. 휴학하는 1년 동안 일하면서 통장에 돈을 두둑이 채워두고 기어코 다시 복학했다.

고등학교 3년 내내 고민하던 경찰이라는 직업은 대학을 오지 않아도 된다는 걸 뒤늦게 알아버렸다. 대학교 주변 경찰 부속기관에 방문하고, 지구대에서 현장 실습한 후 보고하는 수업이 많았다. 수업에 참여할수록 직업과 내 성향이 맞지 않는 것 같아 혼란스러웠다. 경찰행정학 전공에 회의를 느꼈지만, 전과나 자퇴는 하지 못했다. 대신 내가 좋아하는 것을 추가로 배우자는 마음으로 영어영문학을 복수 전공했다. 복수 전공 과정이 어렵다고 익히 들은 동기들이 나에게 한마디씩 했다.

매 순간 선택의 기로 앞에서 나는 깊이 고민했다. 어차피 선택은 해야 하고, 책임도 스스로 져야 하는 것이라면 그게 힘들다 할지라도 해야 할 이유가 명확하다면 나를 믿기로 했다. 힘들지 않은 순간은 없었지만, 힘든 순간에도 누군가가 나에게 도움을 줘서 위기를 잘 모면해 왔으니까.

연속적인 선택의 과정에서 지난 실수를 반복하지 않으려고 어떤 선택 앞에서 나의 성격과 기질, 당시 상황을 고려하려고 부단히 애를 썼다. 남들과 다른 길이어도 과감하게 선택할 용기가 생기고 있었다. 그렇게 나는 맞지 않은 전공을 꾸역꾸역 수료하였고, 복수 전공으로 대학을 졸업할 수 있었다.

나의 수준을 알려주었던 보험 영업

대학교 생활을 열심히 한 대가로 조기졸업의 자격이 주어졌다. 하지만 주 전공의 논문 준비 시기를 놓쳐버렸다. 하기 싫었던 대학 생활을 꾸역 꾸역 끌고 온 결과였다. 수업 중에 보험 영업팀의 취업설명회를 듣게 되었다. 나는 무언가에 홀린 듯 면접까지 보게 되었다. 어린 시절 멋지게 보였던 은행원이 생각나서였다. 은행 취업을 준비해야겠다고 생각한 후 당시 방카슈랑스(은행 등 금융기관이 보험회사의 대리점 또는 중개사로 등록하여 보험 상품을 판매하는 것)의 실적이 중요해진다는 사실을 알게 되어 내가 가지고 있는 부족한 자격에도 보험 영업의 경력이 있으면 가산점을 받을 수 있을 것이라고 판단했다.

말하는 것을 좋아하던 나는 판촉 아르바이트로 쌓아온 경험으로 보험 영업에 도전장을 내밀었다. 서울로 올라와 1년 동안 보험사에서 일을 했다. 지인 영업으로 시작해 나름대로 성과는 있었지만 무형 상품을 판다는 것이 쉽지만은 않았다. 남자 고객들이 영업하는 나의 약점을 이용해 자꾸만 불러냈다. 나는 거절하는 법을 몰라 그들의 호출에 가야만 했고, 그들은 내가 대접하는 공짜 커피를 즐겼다. 건수를 위해 매일 고객들에게 전화를 돌리면 수화기 너머로 갖은 욕설과 무례한 발언을 들었다. 점점 영업 실적에 대한 압박도 견디기가 힘들었다. 스트레스로 인해 몸이 아프기 시작하자 퇴사를 결심했다. 마지막 죽을힘을 다해 영업 실적에 정점을 찍고 난 후 나는 바로 퇴사했다. 내가 할 수 있는 최선을 다했기에 후회는 없었지만 잘하는 것에 대한 자신감의 빛은 조금씩 잃어갔다.

조바심에서 피어난 세상 탓

2014년, 첫째 조카가 태어났다. 서울 생활에 지칠 때로 지쳐 버린 상태에서 조카를 보니 울산으로 돌아가고 싶어졌다. 다시는 내려오지 않을 거라며 올라간 포부는 온데간데없어지고, 3년 반 만에 나는 내 고향 울산으로 돌아왔다. 그때부터 내 인생은 새로운 국면을 맞았다. 취업에 대한 스트레스가 나를 옭아매었고, 그때 당시의 상황이 내 감정을 흔들어놓았다. 이전에 내가 선택하고 결정했던 것들을 실패로 경험하고 내려온 뒤였다. 내 상황에 맞는 선택을 했었기에 후회는 없었지만 결과 없는 실패에 자존감은 떨어졌고, 앞으로 무엇을 해야 할지 막막했다. 인생에서 꼭한 번은 겪을 성장통을 난 이 시기에 겪었다.

대학생 때에는 학기를 시작하는 설렘과 기대감에 이것저것 계획표에 담아 두었다. 당시 한국사 자격증을 딸 것이라며 인터넷 강의를 큰마음 먹고 결제했지만, 매일 쌓이는 과제와 생계를 책임져야 하는 내 몸은 자꾸만 지쳐갔다. 시작의 열정은 동시에 워드 자격증도 준비하게 했고, 토익도 준비하며 이것저것 벌려놓게만 했다. 결국은 어떠한 결과물을 만들어 내지 못하고 돈만 날리고 흐지부지 지나가 버렸다. 결국 그런 모습에 스스로 자책하고 실망하며 불행한 생활을 반복했다. 뭐든 시작할 때의 열정은 누구도 따라올 수 없을 만큼 충만하다. 하지만 매일 예상치 못한 변수에 그 열정의 에너지는 줄어가고, 줄어가는 에너지만큼이나 자존감도 떨어졌다. 식어버린 열정을 다시 불러일으키기란 쉽지 않았다.

'열심히'와 별개로 왜 좋은 결과가 없었을까? 바로 조바심의 문제였다. 대학 시절의 나는 주어진 책임감에 짓눌려 취업 준비에 소홀하게 되었고, 취업 시기가 다가오니 남들이 준비하는 스펙을 달성하지 못해 조바심을 가졌다. 친구들의 합격 소식이 들려오면서 나는 더욱 불안했고, 마음이 급해져 해야 하는 게 있다면 한꺼번에 시작해서 빨리 이루려고 했다. 책을 통해 얻은 자신감이 자만으로 바뀌는 순간이었다. 세상은 내 마음대로 돌아갈 것 같았고, 내가 마음먹은 한 다 해낼 수 있다는 근거 없는 자신감이 현실이라는 벽과 마주쳐 한참 헤매며 방황했다. 그래서 "이딴 토익이 뭔데, 이딴 한국사 자격증이 뭔데 나를 평가해!"라며 사회를 탓했고, 기업을 탓했다.

큰언니의 결심

오랜만의 귀향길에 가족들과 이야기를 나누던 중 큰언니의 결심을 듣게 되었다. 악착같이 공부해서 들어간 회사를 퇴사하겠다는 것. 자신의 커리어를 인정받는 걸 낙으로 살아온 언니인 걸 알기에 그 마음을 결정하기까지 얼마나 고민하고 힘들었을지 생각해 보았다. 아이를 대신 봐줄 부모님이 없었고, 본인의 아이는 자기가 책임져야 한다고 했다. 당장 눈앞에 이익보다 더 큰 가치를 위해 기꺼이 자신의 커리어를 내려놓는 언니가 너무 멋있었다. 딱 3년만 고생하고, 다시 자기 경력을 쌓아갈 것이라는 믿음 하나로 그녀는 그렇게 회사를 나왔다.

취업을 준비하는 처지에서 언니의 결심은 나의 선택에 있어 중요한 지표가 되었다. 인생에 결혼과 육아는 당연히 있어야 한다고 생각하는 나였다. 그로 인해 일어날 수 있는 변수를 미리 생각해 보았다. 지금 내가 직장을 구한다면 아이와 결혼에 대해서 생각해 봐야 할 것. 언니의 결심은 나에게 생각의 물꼬를 터주는 계기가 되었다. 현재 미취업의 상태인 내가 굉장히 다행스러웠다. 미래에 있을 나의 결혼생활과 육아를 생각해야 하는 상황에서 내가 할 수 있는 일이 무엇일까, 고민해 보았다.

그때 문득 드는 생각이 '기술'의 필요성이었다.

7.
내려놓을 줄 아는 용기

"내려놓음은 포기하는 것이 아니다. 미련을 갖지 않는 것이다.
집착하지 않으면, 마음이 물처럼 흐른다."

— 금강경 중에서

우연이 필연이 된 아르바이트

큰언니에게 왁싱 숍 안내 직원 아르바이트 제안이 들어왔다. 언니는 육아 중이었기에 귀향해 집에서 쉬고 있던 나를 그 왁싱 숍에 추천했다. 언니의 지인이 하는 숍이라 그런지 부담감이 들어 괜히 망설여졌다. 여차여차 돌고 돌아 나는 그 아르바이트 면접을 보게 되었고, 결국 일을 하게 되었다.

고객을 응대하는 매뉴얼부터 청소, 비품 정리, 관리실 정리, 전화 상담

매뉴얼 숙지와 같은 기본적인 일이 내 첫 임무였다. 언니의 면을 세우기 위해서라도 더욱 열심히 했다. 전화를 받고 상담하고 직접 예약하는 업무까지 담당하면서 공부하고 또 공부했다. 혹시나 내가 하는 실수로 손님을 잃는 게 두려웠다. 그래도 다행히 수많은 아르바이트 경험으로 사람을 대하는 게 어렵진 않았다. 그냥 재밌었다. 새로운 사람을 매일 만난다는 것이 재밌었고, 일하는 환경이 재밌었다.

왁싱 숍에서의 일은 익숙하지 않아 어색하고, 처음이라 어려운 것 이외에는 모든 게 새로움이 주는 재미가 있었다. 계속된 실패로 떨어져 가고 있는 자존감에 활기를 조금 불어넣는 기분이었다. 체계 잡힌 곳이었기에 제대로 된 일을 배우는 기분이 들었다. 이런 서비스를 받는 분들은 어떤 분들일까, 그분들의 날 것 그대로의 일상이 궁금해졌다. 세상을 향한 분노가 왁싱 숍에서 일하면서 사그라지기 시작했다. 아무것도 하지 않는 백수일 때의 불안한 마음이 안정을 찾아갈 때쯤 약속된 아르바이트 기간의 끝이 코앞으로 다가왔다. 그리고 원장님으로부터 이런 권유를 받았다.

"왁싱 기술을 배워보는 것이 어때?"

예상치 못한 흐름에 나는 어쩔 줄 몰라 당황했다. 은행 입사에 대한 미련을 버리지 못해 과감히 그곳을 나왔다. 아르바이트를 그만두고 은행 입사 준비에 집중했다. 하지만 자꾸만 원장님의 제안이 신경 쓰였다. 언니의 결심을 통해 느낀 기술의 필요성과 은행 입사에 대한 미련 사이에서 갈등하고 있었다. 대차게 뿌리치고 나온 그 왁싱 기술에 대한 갈증이 생겨났다. 다시 받아달라고 연락해야 할지 하는 망설임 앞에서 내 마음은 지진 일어나듯 끊임없이 갈라지고 흔들렸다.

두 마리 토끼는 잡을 수 없다

택시를 타고 가다가 라디오에서 흘러나오는 한 사연이 내 귀를 사로잡았다. 손녀를 돌보던 할아버지의 이야기였다. 손녀가 가지고 놀던 장난감이 할아버지가 소중하게 여기던 청자 안으로 들어갔다. 그래서 손녀가 손을 넣어 장난감을 꺼내는데 손이 빠지지 않았다. 놀란 꼬마는 그 자리에서 울었다. 놀란 할아버지가 울고 있는 손녀에게 다가갔더니 청자 입구에 손녀 손이 끼어 있었던 것이다. 할아버지는 안절부절 어쩔 줄 몰라 했다. 그 도자기의 가격이 자그마치 1억이었다.

울고불고하는 손녀 앞에서 할아버지는 결심한 듯 그 1억짜리 도자기를 깨고 손녀의 손을 구했다. 하지만 웬일인가. 손녀가 장난감을 꽉 쥐고 있었던 탓에 손을 꺼내지 못하고 있었던 것이 아닌가. 그 주먹만 폈더라면

도자기도 살리고, 손녀도 그 장난감을 가질 수 있었다. 결국 1억이라는 어마어마한 금액을 손해 본 할아버지의 안타까운 사연이 택시 안 공기를 가득 메웠다.

"쥐고 있으면 새로운 것을 잡을 수 없습니다. 어쩌면 기회도 마찬가지 이죠."

라디오 DJ가 말했다. 열심히 달리고 있는데도 제자리걸음만 하는 이유를 깨달았다. 이것저것 손에 쥐면 이도 저도 못 한 결과를 낳는다는 이야기가 운명처럼 내 귀를 스쳐 지나갔다. 당시 은행 입사가 마음대로 되지 않아 불만이 가득한 상태로 또 세상을 탓하던 나에게 필요한 이야기였다. 문득 원장님의 제안이 나에게 기회라고 생각했다.

나는 용기를 내어 다시 원장님에게 전화했다. 원장님은 이미 다른 직원을 구했다고 했다. 절망했다. 연이어 원하던 은행으로부터 불합격 통보를 받았다. 좌절했다. 할아버지와 다르게 난 두 개의 선택지 모두를 놓쳐버렸다고 생각했다. 그리고 며칠이 지났다. 고민하다가 어렵게 낸 용기에 원장님이 다시 연락을 해왔다. 그녀는 나에게 투자한다는 생각으로 직원을 한 명 더 채용하겠다고 했다. 그렇게 돌고 돌아 나는 왁싱 기술을 배우게 되었다. 내려놓은 용기는 나에게 기회라는 이름으로 응답했다.

감성은 감정을 공감하는 것이 아니라 타인을 존중하는 것이다.

이성은 나를 알게 하고, 감성은 우리를 알게 한다.

진정으로 안다는 것은 '지식을 습득'하는 것이 아니라 '체화'하는 것이다.

3장

1캐럿의 다이아를
만드는 데
2톤의 원석이 필요하다

omniscient
beauty

나는 돌덩이가 되지 않을 것이다. 나라는 돌덩이가 어떻게 해야 아름다울 수 있
을까. 나는 충분히 단단해졌다. 그리고 기꺼이 나를 다듬을 용기를 가졌다. 나를
다듬어줄 원석을 찾아 끊임없이 책을 탐했고, 걸어 다니는 책의 일상을 낱낱이
파헤칠 준비가 되었다.

1.

비교하는 순간 불행은 시작된다

"다른 사람과 비교하는 건 자신의 행복을 망치는 거야."

— 영화 〈꾸뻬씨의 행복여행〉 중

내가 처음 일했던 왁싱 숍은 고급스러운 분위기였다. 방문하는 고객들의 옷과 신발, 가방의 브랜드만 보아도 그들의 재력을 예측할 수 있었다. 같이 일하는 언니와 원장님은 그런 브랜드에 관심이 많아서 요즘 유행하는 아이템, 희귀템 정보에 빨랐다. 대표적인 명품의 로고 정도만 아는 나는 브랜드의 가방과 옷의 가격까지 낱낱이 아는 그들의 관심이 신기했다.

당시 원장님이 고객들의 재력 수준에 맞도록 우리의 취향을 높이라는 말을 자주 했다. 그래서 사람들이 가지고 다니는 물건에 관심을 가졌다. 어떤 것들이 요즘 유행하는지 혹은 어떤 브랜드가 인기가 있는지를 검색하고, 사람들이 가진 물건을 집중해서 보며 공부했다. 그러니까 자연스레 나도 명품 하나는 가지고 싶다는 생각에 이르렀다. 그들의 수준에 나를 맞추기 위해 나도 명품 지갑을 사려고 부산으로 향했다.

거대한 규모의 백화점 안으로 들어가니 모든 게 다 반짝였다. 사고 싶은 브랜드 매장 앞에 대기 줄이 길게 늘어서 있었다. 설레는 마음으로 대기 줄에 섰다. 내 앞으로 30대 후반쯤으로 보이는 부부가 있었다. 그간 공부했던(?) 것이 눈에 띄기 시작했다. 그들이 머리부터 발끝까지 걸친 모든 것과 유모차에 누워 있는 아이의 옷이 수천만 원에 달하는 게 계산되었다. 그리고 내가 입고 온 옷, 들고 온 가방을 훑어보았다. 기분이 이상했다.

입장할 순서가 되어 직원이 나를 매장 안으로 안내했다. 매장 안은 제품들을 고급스럽게 진열해 놓았고, 직원들은 다 장갑을 끼고 맨투맨으로 손님을 응대했다. 쇼케이스를 둘러보다가 마음에 드는 물건을 발견했다. 검정색 제품으로 보여 달라고 했더니 직원이 그건 재고가 없다고 말했다. 구매하지 못하는 마음이 아쉬워서 일부러 현금까지 뽑아왔다는 말을 흘렸더니 응대하던 매장 직원이 눈치를 살피곤 없다는 그 제품을 들고 왔다. 불과 몇 분 전에 머리부터 발끝까지 명품으로 휘감은 사람에게도 저렇게 행동했을까 생각하니 또 기분이 안 좋아졌다. 갑자기 열등감에 사로잡혀 불행하게 느껴졌다.

잊을 수 없는 기분이었다. 다음 날 출근해서 같이 일하는 동료들에게 어제 산 지갑을 자랑했다. 그리고 앞사람 때문에 초라함을 느꼈다는 말을 전하는데, 갑자기 머리를 세게 맞은 기분을 느꼈다. 뭔가 잘못된 것 같다는 생각이 들었다. 어쩌면 고작 당시 110만 원 월급을 받던 내가 80만 원의 지갑을 욕심내는 것부터 어긋나버렸을지도 모른다. 내가 불행하다고 느끼는 순간은 상대적 박탈감을 느꼈을 때였다.

내 생각과 감정을 최대한 글로 풀어 표현해 둔 일기장 속에서, 나는 그렇게 나다운 것이 무엇이며, 나다운 것에 대한 행동을 고민하던 모습이 겉으로 보이는 화려함에 눈이 멀어서 사라지고 있었다. "뱁새가 황새 따라가다 가랑이가 찢어진다."라는 말이 이런 나를 두고 하는 말이었다. 그들 수준에 나를 맞출 필요도 없었고, 비교하는 것도 불필요했다. 타인의 삶에 지나치게 관심을 가지다 보니 뭔가 자꾸 억울해졌다.

나는 더 이상 취향을 높이려는 노력을 하지 않았다. 나를 위해 집중하는 데 시간과 열정을 쏟았다. 그리고 고객과 삶의 태도를 알아가기 위한 주제로 대화를 했다. 눈에 보이는 것과 싸우기 위해서 눈에 보이지 않는 가치를 계속 생각하며 일기장에 아래 내용을 하나 적어두고 가슴에 새겨두었다.

'비교는 어제의 나와 오늘의 나를 견줄 때만 하자. 다른 사람과의 비교는 감정 없이 현재 나의 수준을 파악할 수 있기 위해 해야 한다. 비교에서 오는 감정에서 벗어날 수 없다면, 그 감정에 휘둘리는 삶을 살게 될 것이다.'

'나는 나로서 충분히 멋지다.'

뱉은 말은 부메랑처럼 다시 돌아온다

"무심코 던진 말 한마디가 마음에 깊은 상처를 남기기도 한다.
반대로, 친절한 말은 짧고 쉽게 할 수 있는 것이지만, 그 메아리
는 끝없이 울려 퍼진다."

– 마더 테레사

일을 시작하고 1년도 채 되지 않은 날, 잊지 못할 에피소드에 관한 주
제로 한 고객과 이야기를 나누고 있었다. 그분은 기혼자에 아이까지 있
는 엄마였는데, 육아로 인해 여행을 자주 가지 못해서 여행에 자유로웠
던 20대가 그립다고 했다. 그리고 나를 부러워했다. 누구에게 부러운 삶
을 살지 못했던 나는 그분의 감정을 이해할 수 없었다. 그녀의 잊지 못할
여행지에 대한 이야기를 들으며 그 장소에 대한 상상의 나래를 펼치고
있었는데, 상상 여행 중인 나에게 그녀는 산통 깨는 물음을 해왔다.

"선생님은 언제로 돌아가고 싶으세요?"

"전 돌아가고 싶을 때가 없어요. 지금이 제일 좋아요." 이렇게 대답했더니 너무 의아한 표정으로 다시 물으셨다. "그러면 내일 당장 죽는다고 한다면 뭘 제일 하고 싶으세요?" 순간 몇 초의 정적이 흐른 후 대답했다.

"가족들 모아 크게 한 상 차려 먹고 싶어요."

그녀의 눈이 휘둥그레졌다. "쌤, 아이 없다고 하시지 않으셨어요? 쌤 아이를 낳으면 여태 느껴보지 못한 행복을 느끼실 텐데, 아이도 안 낳아 보고 죽으면 너무 아쉬울 것 같지 않으세요?" 약간의 격앙된 목소리로 물어왔다. "음…. 아직 미혼이라 그건 제가 나중에 느낄 감정인데…. 그때 느낄 행복은 너무 멀지 않을까요? 만약 제가 아이를 낳고 그때 같은 질문을 듣는다면 대답은 달라질 것 같아요."

나는 답변했다. 그때부터 그녀는 아이로 인한 행복감에 대해서 나에게 설명했다. 나중에 아이를 가지고 그 감정에 대해 느껴보겠다며 말을 잘랐다. 그녀의 이야기를 더 들으면 이분의 경험을 강요받으며 현재 내 감정과 삶을 부정당할 것 같았다.

가벼운 질문이었지만 그녀가 가고 내 마음은 뭔가 축 처지게 무거웠다. 내가 현재 느끼는 감정에 대해 타박 받는 기분이 들었다. 그렇다면 그녀는 지금 그렇게 행복한데 왜 지난 과거에 취한 이야기를 하느냐고 따져 묻고 싶었지만 참았다. 이날 이후 그녀의 거슬린 말이 무엇일지 그녀가 질문한 '돌아가고 싶을 때'부터 되짚으면서 생각해보았다.

과거를 돌이켜 보던 중에 불현듯 4년 전 친구에게 불편한 말을 했던 내가 떠올랐다. 나름대로 '그녀를 위한' 말이었는데 그녀의 감정과 상황을 무시했었다. 친구는 나로 인해 알게 된 남자와 연인이 되었다. 하지만 그 남자는 나쁜 남자였고, 순한 내 친구의 마음을 이용하는 것으로 보였다. 나는 너무 속상한 나머지 그 친구에게 욕설을 가미해 막말했다.

"헛똑똑이야? 딱 봐도 걔 양아치인데 뭐가 그렇게 좋아서 바보처럼 구냐고. 그런 애한테 사랑을 느껴? 당장 헤어져!"

나로 인해 맺어진 인연에 대한 죄책감을 그녀에게 불편하게 퍼부었다. 침묵으로 일관하던 그녀는 더 이상 그 남자에 대한 이야기를 나에게 한마디도 꺼내지 않았다. 그때까지도 친구가 답답하고 나는 할 말을 했다고 생각했다.

말이라는 것은 부메랑처럼 돌아오는 법이다. 나를 불편하게 했던 그 고객을 통해 이전에 했던 나의 불편한 말을 마주했다. 4년이 지나고서야 깨달은 나의 실수에 친구에게 전화를 했다. "대낮부터 술 먹었냐?"는 말을 들으면서도 나는 꼭 사과하고 싶었다. 그녀의 입장을 헤아려보지도 않고 눈에 보이는 대로 그녀에게 막말했던 과거의 나를 반성했다.

우리는 사람의 마음을 잴 때 그릇의 크기로 비유한다. 그릇이 작은 사람은 자기만 생각하고, 자기의 생각이 옳다고 생각하며, 그 생각으로 남을 판단하고 강요한다. 그래서 그릇이 작은 사람과 대화를 하면 굉장히 답답하다는 것을 느낀다. 나는 거울효과로 내 그릇이 작다는 걸 느끼게 되었다. 사람을 상대하는 사람으로서 가져야 할 '말의 쓰임'에 대해 진지하게 고찰하는 시간이었다.

3.
진심을 다하면 데이는 법이니까

"사람을 대할 때는 불을 대하듯 하라. 다가갈 때는 타지 않을 정
도로, 멀어질 때는 얼지 않을 만큼만."

− 디오게네스

    퇴근 후 집에 가서 해야 할 것들을 생각하며 버스에 올라탔다. 자리에
앉자마자 우리 집 막내가 울먹이는 목소리로 전화가 왔다. 애써 울지 않
은 척하지만 미묘하게 떨리는 목소리였다. 서로의 위치를 확인하여 가장
빨리 만날 수 있는 지점에서 내렸다. 버스 정류장 앞에 서 있는 동생에게
달려가 "왜 울어?"라고 물었다. 입꼬리를 올리며 나를 반기려고 애쓰던
그녀는 내 물음과 함께 설움 가득한 눈물을 왈칵 쏟아냈다. 얼마나 참아
온 것일까. 그녀의 눈물샘은 마를 기미가 보이지 않았다.

    쉴 새 없이 우는 동생의 등을 토닥이며 내 머릿속은 그녀의 울음의 이

유를 파악하기 위해 빠르게 회전했다. 막냇동생은 자의와 타의로 대학을 가지 않았다. 어려운 형편에 대학 생활을 힘들게 보냈던 언니, 오빠들의 조언과 그녀 스스로가 힘듦을 감당하지 못하겠다는 마음이 모여 선택한 결과였다. 동생에게 조언을 해줄 때에도 난 분명 이 시기를 예상했다. "친구들과 다른 길을 선택했을 때 동떨어진 느낌이 들 수 있다. 대학을 가지 않은 시간만큼 친구들과 차별화된 너의 시간을 보내야 한다."라고 일렀다. 빠르게 회전했던 내 머릿속은 그녀가 친구들과 다른 선택의 길 위에서 느끼는 수많은 감정과 싸우는 중일 것으로 판단했다.

울음을 삼킨 동생의 고민은 내가 예상했던 그대로였다. 그녀가 직접 겪은 수많은 상황과 함께 마지막 말은 "힘들어. 서러워."였다. 동생의 상황이 너무 이해되었다. 그동안의 설움과 자책감, 더불어 부러움이 뒤섞인 그녀의 감정을 나는 이해했다. 동생의 감정은 그녀에게 일어날 수많은 경우의 수 중의 하나였기에 나는 올 때가 왔다고만 생각했다. 차분해진 그녀에게 나는 너의 마음은 이해하지만 이렇게, 저렇게 해야 한다며 해결책을 여러 개를 제시했다. 그리고 나는 뿌듯했다. 하지만 동생의 표정은 점점 굳어져 갔다. 그녀의 표정을 나는 이해할 수가 없었다. 현재의 생각을 말해달라고 했다. 동생은 머뭇거리며 말했다.

"언니가 하는 말은 다 맞는데, 다 아는데⋯. 오늘 난 단순히 위로받고 싶었어."

위로라……. 실컷 자기를 위해 시간 빼서 조언해 준 나에게 그냥 위로
라…. 순간적으로 너무 당황스러웠다. 당황한 표정을 그녀도 읽었는지
"근데, 고마워 무슨 말인지 알겠어."라는 말에도 나는 아무 말을 할 수가
없었다. 그 순간에 해야 할 것들이 머릿속을 스쳐 지나갔다. 순간적으로
짜증이 훅 올라왔다. 오늘 일을 내일로 미뤄야 하는 게 생각났다. 내 계
획은 무산됐다. 나의 뿌듯함과는 다르게 그녀는 단순히 위로받고 싶다고
말한다. 한숨을 쉬었다. 동공이 흔들리고 눈물샘이 금방이라도 터질 것
같은 동생의 눈을 보고 정신이 들었다.

"아 그래? 나는 위로를 못 하는 것 같아. 그걸 잘 모르는 것 같아. 그런
말 듣고 싶을 때 나 말고 작은언니한테 말해."

다소 어색해진 분위기에 서로 어쩔 줄 몰랐다. 성격이 너무 확연하게
달라서 서로를 이해하지 못했다.

이런 당황스러움은 처음이 아니었다. 이 어색함이 감도는 분위기가 낯
설지 않았다. 가족과의 관계에서 이따금씩 느껴졌었다. 이런 분위기를
느낄 때마다 나는 이상한 사람이 된 것 같아 마음 한구석이 외로웠다. 진

심을 다해서 해준 나의 말들이 그들에게 불필요하다는 생각이 들 때면 괴로웠다. 외롭고 괴로운 마음을 다음 날 출근길에 태워 갔다. 방문하신 고객들에게 이런 상황에서는 어떻게 해야 하는 거냐며, 내가 무엇을 잘못한 것 같으냐며 고민을 토로했다. 수많은 말들이 내 귀를 스쳐 지나가고, 유독 한 분의 말이 귓가에 맴돌았다.

"선생님처럼 남 일을 자기 일처럼 생각해 주는 사람은 잘 없어요. 동생이 고맙다고 한 건 선생님의 진심을 느껴서일 거예요. 온도를 조금 낮춰 동생과 맞춰 봐요."

진심을 다한다는 말은 마음이 뜨겁다는 말과도 같다. 뜨겁다면 식혀야 한다. 뜨거운 채 상대에게 다가가면 상대는 따가울 수 있다. 사람 간의 관계에서 차가운 것도 문제이지만, 뜨거운 것도 문제가 되는 법이었다. 진심을 다하는 사람은 마음의 온도가 식을 때까지 차분히 기다려야 하는가 보다. 나도, 내 마음을 받는 상대에게도 뜨거움에 데면 상처가 될 테니까. 뜨겁지 않았던 고객의 진심은 8년이 지난 지금까지도 여전히 내 가슴에 따뜻한 온기로 남아 있다.

진심을 다한다는 말은 마음이 뜨겁다는 말과도 같다. 뜨겁다면 식혀야 한다. 뜨거운 채 상대에게 다가가면 상대는 따가울 수 있다. 사람 간의 관계에서 차가운 것도 문제이지만, 뜨거운 것도 문제가 되는 법이다.

4.
그토록 원하던 결혼에 의구심이 들었던 이유

"자신의 결점을 깨닫고 고치려 노력한다면, 그것은 자신의 장점을 더욱 빛내주고 인격을 함양하는 좋은 기회이다."

– 발타자르 그라시안

어릴 때부터 나는 평범하고 안정적인 삶을 꿈꾸었다. 그 목표는 순탄치 않았던 어린 시절이 만들어 낸 막연하지만, 강력한 나의 바람이었다. 그렇기에 남들이 다 하는 평범한 삶에서의 '결혼'은 필수코스라고 생각했다. '나'를 알아가던 그 종이에 배우자 기도도 함께 써놓았다. 20대 중후반으로 접어드니 결혼하는 친구들이 생겨났고, 당시에 만나던 남자친구의 입에서 결혼하자는 말을 들었다. 그의 말을 듣고 난 내키지가 않았다. 알 수 없는 이 의구심 때문에 내 생각의 초점은 '결혼'으로 맞춰졌다. 그렇게 꿈꿔온 평범한 삶을 위한 필수 과정임에도 나는 왜 반감이 생기고, 망설여지는지 알 수 없었다.

결혼이란 것이 인생에 어떤 의미와 얼마나 영향을 주는 건지 궁금해졌다. 그래서 그때부터 오시는 고객과 대화 주제는 '결혼'이었다. 2년 동안 수백 명의 기혼자들에게 물었다.

결혼을 왜 하셨나요?
신랑의 어떤 점이 결혼까지 생각하게 되었나요?
결혼할 때 무엇을 중요하게 생각해야 하는 것 같나요?
친한 동생이 결혼하겠다고 하면 추천하실 건가요?

질문할수록 결혼에 대한 찬반 의견이 나오게 되었고, 결혼하라고 말한 분 중에서도 "무조건 했으면 좋겠어요."라고 말하는 분들은 많지 않았다. "선생님, 능력 되면 혼자 사세요.", "결혼 안 한 친구들이 너무 부러워요.", "놀 수 있을 때 실컷 노세요."라는 말들은 나를 더욱 혼란스럽게 만들었다.

평생의 반려자를 정한다는 건 정말 심사숙고할 문제이다. 한 번의 잘못된 선택이 내 여생을 어떻게 좌우할지 모르기 때문이다. 내가 가보지 않은 길 위에 놓인 상황을 미리 알아보고, 그들 상황에 나를 대입해 보고 싶은 마음에 고객들에게 끊임없이 질문했다. 그들이 들려준 이야기에 내 마음이 어떤 반응을 일으키는지 알고 싶어서다.

배우자가 될 사람의 능력, 대화, 다정함, 성실함, 책임감이 우선되어야 한다는 말이 많았다. 결혼이라는 공통 주제로 많은 사람과 이야기를 나누면 나눌수록 사람마다 다르게 해석하고, 그들의 삶이 모두 다르다는 것을 지속해서 깨달았다.

수많은 사람 중에서 유독 부럽고 닮고 싶은 여자 고객이 있었다. 그분은 오실 때마다 밝아서 가정의 안정이 그녀의 얼굴에 드러나는 것 같았다. 그녀에게도 역시 같은 질문을 했다. 그녀는 결혼을 꼭 했으면 한다는 반응이었고, 어떤 사람을 만나야 하는지에 대한 답변이 돌아왔다.

"저희 남편과 저는 서로에게 완벽한 사람이지 않아요. 서로의 장단점을 정확히 알고, 서로가 싫어하는 행동은 하지 않으려고 노력해요."

"내가 그를 위해 양보하면 그도 나를 위해 양보하고, 서로를 향한 마음의 온도와 속도를 맞춰가기 위해 끊임없이 노력하고 있어요. 저희는 대화를 정말 많이 해요."

"대화하다 보면 그의 생각을 알게 되거든요. 대화가 잘되는 사람을 만나세요."

그토록 원하던 결혼생활을 하는 고객의 말을 듣고 흥분이 되었다. 연이어, 또 내가 질문했다. "그럼, 고객님은 남편분과 싸우지 않으세요?" 물론 그들도 다툰다고 말했다. 그렇지만 빨리 푸는 것뿐이라는 답변이 돌아왔다.

"어차피 싸우면 불편한 건 우리 둘 모두예요. 남편이 저의 부족한 부분을 많이 채워주는 사람이라서 항상 고마워요."

그녀의 대답을 듣고, 나는 왜 전 남자친구와의 미래에 의구심이 들었는지 알게 됐다. 그와의 연애에서는 평화가 없었다. 일단 그를 대하는 나의 태도가 못났다. 얼굴에는 늘 인상이 가득했고, 말에서는 늘 짜증이 섞여 있었다. 그때의 나는 내 위주로 돌아가 보이는 연애가 싫었다. 긴장감도 없고 나에게만 일방적으로 맞춰주는 듯 보여도 결국 그가 원하는 대로 날 이끌었다. 늘 그를 만나면 내가 나쁜 사람이 된 것 같은 느낌이 들었다. 나의 못난 모습에 반항하려 하지 말아야 할 행동임을 알면서도 그를 무시하고, 핍박했다. 나를 좋아한다는 그의 마음이 내가 잘못된 행동을 해도 다 받아주는 게 싫었다. 그럴수록 나는 더 못되게 굴었다.

그녀와의 대화에서 나는 결국 나의 민낯을 느끼고 말았다. 그의 문제가 아닌 나의 문제로 4년 연애의 끝을 맺었다. 지우개가 있다면 그 당시 내 행동을 그의 기억 속에서 지워주고 싶다. "제발 나 같은 못된 사람 만나지 말고, 오빠의 진심을 알아주는 좋은 여자를 만나라."며 그에게 이별을 고했다. 그와의 이별 앞에서 나의 부끄러운 모습을 마주하기가 힘들었지만, 서로에게 상처만 주는 그 연애의 결실은 이별만이 최선의 선택이었다는 걸 확신했다.

5.
내가 살고 싶은 삶의 형태는 무엇인가

"인생은 경주가 아니야. 누가 1등으로 들어오느냐로 성공을 따지는 경기가 아니지. 네가 얼마나 의미 있고, 행복한 시간을 보냈느냐가 바로 인생의 성공 열쇠란다."

— 마틴 루터 킹

나는 가까이에 있던 사람들이 돈 때문에 자신을 잃어가는 모습을 보았다. 그래서 돈이 무섭다고 느꼈다. 다소 엄격하긴 했어도 배려와 소통을 강조하던 우리 아빠는 어릴 때부터 예의에 어긋나는 행동을 하는 것을 용납하지 않았다. 그때만큼은 유달리 엄격하셨다. 사업을 하셔서 집에 머무르는 시간이 짧았지만, 그래도 유아기 기억 조각에 새겨진 아빠는 매번 폭력적이지만은 않았다. 형제자매들의 타고난 기질의 형상을 보아도 폭력성을 가진 사람은 없었다. 아무래도 아빠의 폭력성은 '돈'이라는 후천적인 요인으로 과하게 폭발되었다고 생각한다.

사업이 망하고 집에 빚더미가 쌓이면서 폭군이 되어가던 아빠의 모습은 엄마가 돌아가시고부터 볼 수 없었다. 어린 나이에 성공하여 돈맛을 느껴본 아빠는 성공했을 때 자기 모습을 쉽게 내려놓지 못했다. 모든 식구가 숟가락만 빨고 있을 때도 허상에 갇혀 무리수만 던졌다. 아빠는 돌아가실 때까지도 재기에 실패하셨고, 끝내 자식들에게 돈 때문에 변해버린 아빠의 따뜻한 이미지를 회복하지 못하셨다. 어릴 적 기억하는 '돈'은 아빠를 폭군으로 만들었고, 엄마를 울게 했다.

성인이 되어 내 기준에 성공한 사람을 만났다. 여성의 지위, 여성의 능력을 보여주던 분이라 존경스러운 부분이 많았다. 추진력과 통찰력은 정말 엄지를 치켜세우고 싶은 정도였다. 하지만 그녀도 돈맛을 느끼게 되었다. 본인의 능력보다 훨씬 더 능력 있는 남자를 만나 '그들이 사는 세상'에 발을 담그고 난 후부터 달라지기 시작했다.

그녀의 지인이 나를 여행 짐꾼으로 데리고 가고 싶다는 어이없는 발언에 한술 더 떠서 "짐만 들어주면 너도 공짜로 여행 가는데 아쉬울 게 없지 않냐"는 말을 했다. '신분 상승'이라는 단어를 언급하며 그녀는 나와 그녀의 수준 차이를 굳이 증명하려 들었다. 또 한번은 그분이 만나는 남자와 술자리를 함께하게 되었다. 술자리가 있고 그다음에 그녀는 그 자리에 있던 사람들의 행동을 점수로 매기며 심사평을 했다. 꼭 내가 광대가 된 기분이 들었다. 분명 그러지 않았던 분이었는데 어떤 모임에 다녀온 후부터 자꾸 이상해졌다.

성공의 맛을 느끼면 나 또한 바뀔 수 있다. 둘을 통해 나는 자신의 그릇보다 넘치게 들어오는 돈은 눈과 귀를 멀게 할 수 있다는 교훈을 얻었다. 돈이 목적이 되는 순간, 사람이 수단이 될 수 있다는 것 또한 여러 차례 느꼈다. 자본주의 사회에서 돈의 중요성은 날로 커진다. 돈이 없어서는 안 될 존재이긴 하다. 하지만 돈을 버는 과정이, 돈을 귀하게 여기는 과정이 중요한 것이 아닐까. 인간의 내면적 성장이 없이 돈으로 포장된 성공의 힘은 약하다고 생각한다. 돈은 정말 무서운 존재이며 돈 귀한 줄 알아야 한다는 사실을 가슴에 늘 새기며 살고 있다. 나는 성공에 목말라하기보다 내면적 성장에 따라 포장을 바꾸는 재미를 느끼며 차근차근 단계적으로 성장하고 싶다.

6.
온 마음을 다한 사람들에게 감사를 표하다

"우리를 행복하게 하는 사람들에게 감사하자. 그들은 우리의
영혼을 꽃피우게 하는 매력적인 정원사들이다."

— 마르셀 프루스트

주로 20대 중반에서 30대 중후반의 연령대 고객들이 많이 온다. 그 중
꼭 나오는 이야기가 결혼식 이야기다. "결혼식에 친구, 누구를 불러야 할
까요?" 질문을 하는 분이 있는가 하면 그들이 당한 불합리함을 이야기하
는 사람도 있다.

"오랜만에 결혼한다고 연락해 와서 옛정을 생각해 참석했더니 다시 감
감무소식이다."

"친구가 결혼했다고 한다. 나는 친했다고 생각했는데 나에게 청첩장을
보내지 않아서 속상하다."

각자의 이야기를 하는데도 사람 사는 게 다 똑같다는 듯 서로를 공감했다.

문제는 내가 실제로 결혼했을 때 일이다. 정말 누구에게 연락해야 하는 건지 막막했다. 이런저런 입장을 듣다 보니 연락하기도, 안 하기도 난감한 상황이었다. 그래서 고민하고 또 고민한 끝에 연락처에 저장된 사람 모두를 종이에 적어보았다. 그리고 그 사람과의 추억을 생각해 보았다. 단지 목적성을 가지고 만난 사람은 다 제외했다. 예를 들면 대학 시절 조별 과제를 위해 연락을 나눠 친분이 있는 사이라든지, 같은 모임이긴 했지만 사담을 전혀 나누지 않은 사람은 모두 제외하면서 전화번호도 지웠다. 더 이상 연락을 하지 않을 것 같았다.

결혼 직전까지도 종종 연락했던 지인들은 노란색으로 표시하고, 추억은 있지만 현재는 연락이 닿지 않는 사람들은 분홍색으로 표시했다. 노란색 지인들에게는 간단한 손 편지와 종이 청첩장을 준비해 두었고, 분홍색 지인들에게는 메신저로 결혼 소식만 전했다. 계좌번호는 물론이거니와 모바일 청첩장도 보내지 않고, 그들과 있었던 추억을 상기시키는 내용을 꼭 담았다. 내가 아닌 다른 사람으로부터 결혼 소식을 듣지 않았으면 하는 마음에 결혼 소식을 알리는 것이니 진심 어린 축하 한마디가 듣고 싶다는 이유를 꼭 전했다. 지금은 연락을 하지 않지만, 결혼을 할 당시까지만 해도 추억을 한 번씩 꺼내며 생각할 만큼 지나간 소중한 인연들이었다. 그렇게 연락 받았던 모두가 고마워하며 축하 인사를 전해주었다. 예상치 못하게 결혼식에 찾아온 지인도 있었다.

결혼식이라는 게 어쩌면 나와 남편에게는 큰 축제일지 몰라도 시간을 내어 자리를 빛내주는 게 의무는 아니다. 온 마음을 다해 축하해주러 오는 마음이 고마운 것이다. 결혼식 당일 신혼여행으로 가는 발걸음마다 고마움을 느꼈다. 비행기를 기다리는 시간을 틈타 하객들에게 연락을 했다. 울산에서 다시 볼 친구들에게는 집들이를 통해 직접적으로 고마움을 전할 수 있었기 때문에 메신저로 고맙다는 인사를 전했다. 거리상 다시 보기 힘들 것 같은 지인들과 친척들, 분홍색으로 체크해둔 지인 중에 실제로 결혼식에 참석해 준 사람들에게 전화로 고맙다고 표현했다.

"결혼식에 얼마를 내야 할까요?"는 누구도 답을 내려주기가 쉽진 않을 것 같다. 그 사람의 형편이고 마음이기 때문에 액수를 정하는 것 자체가 무의미하다. 하지만 초대하는 입장에서의 마음은 그 사람과의 인연을 얼마나 소중하게 생각했는지를 반문하는 것이 아닐까? 결혼식을 준비하면서 고객들 덕에 놓칠 수 있었던 섬세한 부분까지 생각할 수 있었다. 경청의 힘이 빛을 발하는 순간이었다.

7.
디지털 세상과의 거리 두기

"SNS는 우리의 생각을 단순화시키고, 양자화시키며, 극단화시
킵니다."

— 에브게니 모로조프

이례적인 팬데믹으로 전 세계가 대혼란이었다. 가정도, 학교도, 직장
도 바이러스가 휩쓸고 간 자리는 그야말로 태풍이 지나간 자리만큼이나
산란했다. 사회적 거리 두기라는 명목으로 사람과 사람 사이에서의 관계
도 재정비되었다. 모든 게 제자리로 돌아가기를 바라는 마음과는 달리,
사람보다는 기계에 집중하게 되는 기이한 일이 생겼다. 손바닥만 한 기
계로 모든 걸 다 이룰 수 있는 시대에 그 작은 기계는 없어서는 안 되는
중요한 것이 되었다.

나 또한 그 작은 기계에 집착이 심해진다고 느끼던 중 일이 생겼다. 화

장실이 급하게 가고 싶었다. 일촉즉발의 상황이었는데 그 와중에 휴대전화를 찾겠다며 아픈 배를 부여잡고 있는 꼴이 우스웠다. 겨우 찾아들어 변기에 앉는 순간 갑자기 스스로가 한심하게 느껴졌다. 그 몇 분을 참지 못하고 휴대전화를 찾던 나는 고작 한다는 게 SNS에서 쉼 없이 흘러오는 이미지와 짧은 영상을 보는 것뿐이었다. 위아래로 현란하게 엄지손가락의 움직임이 있고 한참 후에야 화장실을 나오게 되었다. 갑자기 휴대전화로 주간 스크린 타임을 알리는 알림 하나가 떴다. 주간 스크린 타임이란 사용자가 어떠한 앱이나 웹 사이트에서 얼마만큼의 시간을 소비하였는지 알 수 있는 기능이다. 그 알림에 뜬 시간을 보고서야 내가 불현듯 느끼는 집착의 수준을 실감할 수 있었다.

심각성을 알고부터 고쳐야 한다고 생각하고 있었지만 쉽지 않았다. 이미 익숙해진 나의 행동을 바꾸기란 쉽지 않은 법이기 때문에 '계기'가 필요했다. 이러지도 저러지도 못해 심란한 마음이 들었던 나에게 번뜩이는 실행력을 안겨준 고객과의 관리가 있었다. 일촉즉발의 상황을 느끼고도 정신 못 차리고 휴대전화를 오래 쥐고 있는 것이 고민이라는 이야기를 술술 털어놓았다. 매장을 운영할 때 SNS가 필요하다는 말을 시작으로 SNS에 대한 장단점을 하나하나 읊으며 휴대전화를 놓지 못하는 이유를 그분에게 한참 동안 뱉어냈다.

"저는 SNS를 끊었어요."

　내 얘기를 가만히 듣던 고객이 이렇게 말하는 것이 아닌가. 그 한마디에 정신이 번쩍 들었다. 나는 합리화로 똘똘 뭉친 말들을 뱉어내고 있었다. 나에게 유익하지 못하다는 것도 알고 있었고, 그런데도 놓지 못하는 나의 나약한 의지를 스스로가 증명했다. 고객의 관리가 끝난 후, 나는 곧장 개인 휴대전화에 있는 SNS 앱을 바로 지웠다.

　SNS 앱 하나 지웠을 뿐인데 하루 중 여유를 느낄 시간이 많아졌다. 여유 시간을 헛되지 않게 보내기 위해 고민해 보았다. 8년 전 나는 같은 고민을 하고 있었다. 그때와 다른 변화가 필요해 보였다. 내가 가장 힘들 때 위로받았던 책으로부터 심란한 마음을 안정시키고자 펼쳤다. 역시나 적절한 타이밍에 적절한 치료법이었다. 독서 모임에도 들어갔다. 하루하루가 꽉 채워지는 기분이 들었다. 팬데믹 소란에 쓸려간 내 마음도 점차 안정을 찾고 활력을 찾기 시작했다. 휴대폰과 거리 두기를 실현할 수 있도록 '계기'를 만들어주신 분이 두 달 만에 재방문했다.

"그 힘든 걸 해내셨어요? 실행력 최고!"

　칭찬을 받고 나니 느슨해지던 내 마음에 긴장감을 더했다. 그분은 일

찌감치 시작하셔서 여전히 진행 중이면서도 나의 절제를 온전한 마음으로 칭찬해 주셨다. 두 달 동안 내가 읽은 책이 12권이나 되었다. 책 읽을 시간이 없다는 말이 결국 핑계였다는 걸 깨닫고 또 반성하는 시간을 가졌다. SNS를 하면 할수록 피폐해지고 있다는 느낌보다 반성하고 깨달으며 절제의 미학을 배우는 시간이 될 수 있어서 더욱 뜻 깊었다.

거리 두기의 대상은 사람이 아니라 기계였다. 극단적이지 않으며 나는 또 나만의 방식으로 적당한 거리 두기를 실천 중이다. 여전히 나의 휴대전화에는 SNS 앱이 없다. 대신 숍을 운영할 때 쓰려고 두었던 공기계에 SNS로 마케팅 작업을 한다. 간혹 나의 디지털 일기장으로 사용하는 정도로 절제하고 있다. 극단적으로 끊어버리진 않은 이유는 SNS의 순기능은 또 활용해야 하니까.

사랑한다면 상대가 좋아하는 것을 해주기보다

먼저 싫어하는 행동을 하지 않아야 한다.

그것이 배려이다.

4장

자신의 가치를 높이기 위해
정교하게 세공하다

omniscient
beauty

결혼을 게임으로 비유한다면 틀린 그림 찾기가 아니다. 남편과 내 인생의 조각
조각을 맞춰 하나의 그림으로 완성하는 퍼즐게임이다. 조각이 하나만 없어도
그 그림은 완성할 수가 없다. 서로에게 관심 가지며, 서로의 공간과 시간을 존중
하고, 있는 그대로의 모습을 사랑하는 태도로 선물 같은 오늘을 완성한다.

1.

You are my destiny

"충분한 시간을 갖고 심사숙고하라. 그러나 행동해야 할 시기
가 오면 생각을 멈추고 움직여라."

- 나폴레옹 보나파르트

전 남자친구와 이별 후 얼마 되지 않아 생년월일이 같은 남자를 만나
게 되었다. 번갯불에 콩 구워 먹듯 연애와 동시에 결혼을 준비하게 되었
다. 그동안 '결혼'에 대해 고민하던 것들이 이 남자와 나눈 대화에서 환기
되었다. 이런 것이 인연인지 운명인지는 알 수 없지만 내 남은 인생을 이
사람에게 걸어볼 이유를 생각했다. 하지만 언니들이 이 결혼을 못마땅해
했다. 급해 보였고, 경제적으로 준비되지 않은 상태라는 걸 알기에 결혼
선배이자 나를 아끼고 사랑하는 만큼 걱정이 앞섰다. 나는 가족의 반대
를 무릅쓰고도 이 사람과 결혼해야 할 이유에 대해 의심하며 확신하기를
반복했다.

밤 9시가 넘어 퇴근하고, 주 6일 근무 때문에 남자친구와 일반 커플들이 하는 데이트는 할 수 없었다. 늦은 밤 나를 집에 데려다준다며 매일같이 만나러 온 남자친구와 차 안에서 대화를 나눴다. 최소 3시간에서 6시간 동안 떠들면서 사랑의 힘 때문이었는지 피곤한 줄 몰랐다. 그냥 그와 이야기 나누는 게 잠을 잊을 만큼 재미있었다.

고객들에게 인터뷰하는 것이 익숙했던 나는 남자친구로부터 알고 싶었던 것들을 질문했다. 시부모님의 성향과 분위기도 대화를 통해 알게 되었고, 내가 감당할 것들에 대해 미리 생각해 보았다. 대화하면 할수록 이 친구와 더 결혼하고 싶어졌다. 단순히 콩깍지가 씌어 판단력이 흐려졌을 때 결정한 것이라면 결국 책임을 져야 하는 대상이 나이다. 그렇기에 더욱 이 사람과 결혼하는 이유를 명백하게 짚고 넘어가야 했다.

고객들의 이야기 중에 "남자는 말이 없어요. 대화를 시도해도 따라주지 않아요."라는 의견이 많았다. 이상적이고 철학적인 대화를 중요하게 생각하는 나는 배우자가 본인의 생각을 말로 표현할 줄 아는 사람이었으면 했다. 그와 인생철학을 나누면 나눌수록 가슴 터질 듯 느껴지는 짜릿함이 좋았다. '대화가 중요하다는 것이 이런 것인가?' 하는 생각이 들어 더 기뻤다. 자신의 소신을 비유적으로 표현하는 그에게 더욱 사랑이 느껴졌다. 엄마가 돌아가시고 처음으로 엄마가 보고 싶어졌다. 이런 사랑을 엄마에게 자랑하고 싶었던 것 같다. 왠지 엄마라면 나를 응원해 줄 것 같았다.

나는 평소에 생각의 정리가 필요할 때면 글을 쓰는 습관이 있다. 이 시기에도 역시나 내 감정을 적어둔 글이 몇 개가 있었다. 그 당시에 내가 지금의 남편과 결혼하게 될 때 중요하게 생각한 것들이 적혀 있었다.

'진실, 믿음, 배려, 사랑, 존중'

시작은 사랑으로 시작했지만, 그 사랑을 굳건하게 지켜가는 건 '진실, 믿음, 배려, 존중'이라고 생각한다. 이것은 연인관계, 부부관계만 국한된 것은 아니다. 모든 인간관계의 기본은 이 다섯 가지가 밑바탕 되어야 한다. 내가 상대에게 얼마나 진실한지, 얼마나 믿음을 주었는지, 얼마나 상대의 입장을 배려했는지, 서로가 다름을 이해하고 존중하는지에 따라 사랑을 느끼게 되는 것이다. 여기서 중요한 것은 시작은 본인으로부터여야 한다는 점이다. 그 이후에 상대의 태도를 보는 것이지, 나조차도 지키지 않을 것을 상대에게 요구해서는 안 된다. 전 남자친구에게 보였던 내 태도는 내가 결혼할 자격이 없는 사람인 걸 증명했다. (중략) 이 친구와의 미래가 자꾸만 궁금해진다.

〈일타강사〉라는 프로그램에서 김창옥 교수가 부부관계에서 지켜야 할 점에 관해서 이야기하는 장면을 보았다. 그는 예의 없는 사랑은 존재하지 않는다며, 부부 사이에는 사랑보다 예의를 지키는 것이 더 중요하다고 강조했다. 예의를 지킨다는 것이 내가 생각한 이 5가지가 기본이 되는 삶의 태도가 아닐까?

'결혼생활'은 서로 다른 두 사람이 만나 평생 맞춰가는 과정의 연속이다. 선택에 대한 책임을 지는 것이 우리 삶의 기본적인 태도이듯 결혼생활도 마찬가지이다. 너무 사랑해서 결혼했다는 말은 위험 부담이 크다. '사랑'이라는 것은 시간이 지남에 있어 식어가기 마련이다. 사랑의 온도를 유지하기 위해서는 5가지의 연료가 필요하다고 생각한다. 다섯 가지 연료를 어떤 상황에서, 어떻게 사용해야 하는지는 살면서 차차 고민해보기로 하며 나는 그를 운명으로 받아들였다.

그동안 '결혼'에 대해 고민하던 것들이 이 남자와 나눈 대화에서 환기되었다. 이런 것이 인연인지 운명인지는 알 수 없지만 내 남은 인생을 이 사람에게 걸어볼 이유를 생각했다.

2.
온실 속 화초와 들판의 잡초가 만나

"행복한 결혼생활에서 가장 중요한 것은 서로 얼마나 잘 맞는
가 보다 다른 점을 어떻게 극복해나가느냐이다."

– 레프 톨스토이

결혼하고 4년 동안 남편이 3번의 이직을 했다. 그는 다니는 직장마다
정을 붙이지 못했다. 나는 "파리 목숨과도 같은 처지라 적응하지 못하겠
다."라는 남편의 말이 답답했다. 가게 매출이 안정궤도에 접어들고서는
"너무 스트레스 받지 마, 내가 벌고 있잖아! 자기의 노력이 언젠가 빛을
발할 거야."라는 말로 행여나 자존감이 떨어질 남편을 위해 격려의 말을
아끼지 않았다.

하지만 내 예상과는 다르게 남편은 본인의 일에 만족하지도 못할 뿐
아니라, 더 좋은 일을 찾기 위한 노력을 하지 않는 것처럼 보였다. 힘들

다는 이유로 집안일도 무시한 채 게임에만 열중했다. 셔터맨이 되어주겠다는 남편은 온데간데없고, 한 명이라도 더 관리하기 위해 애쓰는 나와는 달리 퇴근하자마자 스트레스 풀 것이라며 게임에 매진하는 남편의 모습에 나는 지쳐만 갔다.

그와 대화에서도 삐걱거렸다. 명절 때 그의 행동, 어머님과 비교하는 그의 행동 등 결혼 전의 삶을 포기하지 못하는 그에게 고운 말이 나오지 않았다. '내가 이 사람과의 결혼한 것이 실수였나?'라는 생각까지 이르게 되었다. 그에게 하는 말에는 기본이 짜증이었고, 잔소리가 더 잦아졌다. 늘 못마땅한 눈빛과 말투로 그를 대했다. 그렇게 대하면서 내 자존감도 떨어졌다. 그를 이해하려고 노력했던 내 모든 행동이 원망스러워지기 시작했다. 아마 꼴 보기 싫었다는 표현이 맞을지도 모른다.

'내가 돈 벌기 시작해서 남편을 무시하는 건 아니겠지?'

끊임없이 내 행동과 생각을 의심했다. 내 행동을 점검 후 무시하는 게 아니라고 판단되는 그때부터 남편에게 강수를 두었다. 그의 자존감의 문제가 아닌 우리 관계의 유지에 대한 문제였기 때문이다. 남편을 위한 달콤한 말보다는 쓰라린 현실 직시를 위한 말을 거침없이 쏟아냈다. 결혼 후의 달라져야 할 삶의 태도를 하나하나 짚어주었다. 상대의 자존심을 건들지 않기 위해 휴대전화 메모장에 하고 싶은 말을 끄적거리며 감정은 최대한 배제하려 애썼다. 전 남자친구와의 연애에서 나만 생각하던 행동의 대가를 결혼 후 치르는 것 같았다.

결혼 후 남편이 살아온 방식과 내가 살아온 방식의 차이를 생활 속에서 느꼈다. 상대적으로 그는 온실 속 화초처럼 자랐다. 그런 환경에서 자란 그는 누군가의 섬세한 손길이 필요했다. 반면 나는 들판 위 잡초같이 컸다. 어떠한 환경에도 굳세게 살아남아야 했다. 남편도 나도 다르게 살아온 환경의 차이를 쉽게 인정하지 못했다. 서로의 관점에서 답답함만 늘어갈 뿐이었다.

내 남편은 로또이다. 다 맞지 않는다. 그리고 매번 '이번 주는 당첨되겠지?' 기대하듯 남편에 대한 기대를 놓지 못한다. 이번 주도 기대감을 불어넣어 로또를 샀다. 역시나 꽝이다. 6개의 숫자 중 한두 개만 맞는 모습이 꼭 남편과 나 같아 보였다. 어디서부터 잘못된 걸까. 내가 그린 결혼 생활은 이런 것이 아니었다.

3.
존중은 엉킨 마음의 실타래를 풀어낸다

"결혼은 두 사람의 연합이지만, 진정한 행복은 서로의 차이를
인정하고 존중하는 데 있다."

– 제인 존스

주로 오시는 고객층은 여성분들이 많다. 기혼이라는 공통점이 있으면
남편 이야기로 주를 이루고, 부부 싸움에 대한 주제로 자연스럽게 이야
기가 흘러간다. 결혼 기간이 오래된 분들은 남편과 싸우지 않으려고 그
냥 '포기'한다고 했다. 그렇게 나도 모르는 사이 평연하게 스며든 포기한
다는 표현을 남편에게 자주 쓰곤 했다. 지금 생각해보면 그 말을 자주 쓰
던 때가 우리가 제일 많이 삐걱대는 시기였다.

그날은 남편에게 마음이 많이 상한 날이었다. 내 입장에서 자기가 좋
아하는 것만 하려고 하고, 해야 하는 것을 미리 생각하지 못한다는 것에

답답함을 느끼고 있을 때였다. 하루 종일 이 불편한 마음을 가지고 고객들과 이야기를 나누던 중에 특이함을 알아차렸다. 여성분들의 경우 내 마음을 이해해주며 같이 장단 맞추어 남자들의 이해되지 않는 행동에 대해 함께 개탄해주었다.

하지만 남성분의 경우에는 남편 입장에서 대변을 해주었다. 본인이 힘들수록 혼자만의 시간을 가지며 지친 마음을 정리하고 싶은 마음의 시간, 흔히 말하는 남자의 '동굴 시간'이 필요하다는 걸 그들이 일러주었다. 아내만큼 생각의 반경이 넓지 않아 비슷한 이유로 혼난다는 남자 고객의 말을 통해 우리 남편'만'의 문제가 아님을 자각했다.

미묘한 남녀의 차이를 느낀 후에 나는 '남자를 이해'해보기로 했다. 내가 답답하고 힘이 들 때 가족들과 친구들을 만나 수다 떨면서 기분을 풀어야 하는 시간이 필요했던 것처럼 그들에게도 자기만의 방법으로 기분을 푸는 시간이 필요했던 것을 받아들였다. 사실 그 방법이 내 기준에서 하지 않는 행동이었기에 받아들이는 데 꽤 오랜 시간이 들긴 했다(특히나 남편처럼 게임으로 그런 시간을 보낸다는 걸 쉽게 받아들일 수 없었다). 성별이 다른 고객들과의 대화에서 여러 가지로 남자들의 방식과 여자들의 방식 차이를 여러 차례 깨닫고 나서야 사사건건 부딪쳤던 문제의 원인을 알아갈 수 있었다.

결혼생활이 20년 가까이 되시는 여성 고객이 싸우지 않으려면 남편의 입장을 '존중'해주어야 한다고 말씀하셨다. 남편의 행동을 이해하고 인정해주라며 자신도 남편과 있었던 일화 몇 개를 꺼내주었다. 어떤 점에서 내 상황을 이해해 주기도 했고, 어떤 점에서는 남편의 상황을 이해해 주기도 했다. 우리의 결혼생활에 스며들었던 '포기'라는 단어와는 사뭇 다른 느낌이었다.

결과적으로 남편이 하는 대로 내버려두는 모습은 비슷한데 '존중'이라는 단어 뒤에는 상대를 올려주는 느낌이 강하게 들었다. '포기'는 원래 내 것이었는데 내어주는 느낌이었다면 '존중'은 원래의 상대 것을 인정해 주는 느낌이 들었다. 난 부부라는 이름으로 남편의 의지를 내 것처럼 사용하고 있었던 게 아니었을까? 그녀의 이야기를 듣고 있으면 맞추려고 하기보다 나에게 맞추게 하려는 나의 태도가 또 문제였다.

남편이 설거지하면 그 이후에 주변을 제대로 닦지 않았다며 타박했고, 빨래를 개면 내가 원하는 방식으로 개지 않는다며 타박했다. 퇴근 후 집에 들어왔는데 하루 종일 집에 있으면서 집안일을 하고 있지 않았냐며 성을 냈다. 큰일도 아닌 사소한 모든 것에 주는 핀잔은 남편도 나도 모두를 지치게 했다. 물론 이해되지 않는 남편의 행동도 있었지만, 남편의 행동을 인정해주는 나의 행동도 없었다. 다시 감정을 배제하고 이 모든 상황을 객관적으로 보았다.

의도적으로 나는 온실 속의 화초가 되어 보려고 했고, 남편에게는 잡초가 될 수 있는 상황을 만들었다. 그래서 일하던 가게를 접었다. 남편이 가장의 책임감을 더 느끼게 하기 위해서였다. 일상 곳곳에서도 나는 척척 해내는 것이 아니라 일부러 못하는 척을 했다. 내가 해야 할 몫을 늘리지 않기 위해서였다. 서로의 몫은 남겨두어야 할 것 같았다. 그리고 어머님의 이야기를 계속 들었다. 우리 남편을 키웠을 당시에 상황과 어머님의 마음을 재차 물어 남편의 어린 시절을 상상했다. 그가 살아온 삶이 이해되었고, 받아들여지기 시작했다. 내 마음을 바꾸고, 내 행동을 바꾸게 되니 우리 부부가 삐걱거리던 때와는 다르게 비교적 안정되어 갔다.

결혼 후 남편만 변했다고 생각했는데 대부분의 일에는 내가 그에게 바라는 것이 많아진 그 '기대치'의 변화도 무시할 수 없었다. 나조차도 모르는 나의 기대치를 남편이 알 리가 없었다. 남편을 존중하면서 느낀 나의 속마음을 고객들에게 여실히 드러내면 많은 분이 공감한다. 모든 문제를 나로부터 생각해 보고, 의식적으로 남편을 존중하려고 한 나의 노력이 결국 우리 남편에게 닿았다. 우리는 함께 엉킨 실타래를 하나씩 풀어갔다.

4.
나의 변화가 결국 상대의 변화를 일으키다

"결혼에서의 성공이란, 단순히 올바른 상대를 찾음으로써 오는
게 아니라 올바른 상대가 됨으로써 온다."

– 브루크너

어느 날, 10시가 조금 넘는 시간에 친구들과 커피 한잔을 마시고 집에
들어왔다. 방에서 게임을 하고 있을 거란 남편은 없고 안방 불도 꺼져 있
었다. 휴대전화에 "나 오늘 먼저 잘게."라는 메시지가 남겨져 있었다. 장
난일 줄 알았던 메시지가 진짜였다. 몸에 힘을 주며 숨죽이고 있었는데,
안방에서 "왔어?" 하는 소리가 들렸다. 방문을 열어 "왜 이렇게 일찍 자?
무슨 일 있어?" 이러니까 남편이 "아니, 얼른 씻고 나와."라고 말했다. 왠
지 모를 찝찝함에 후다닥 씻고 안방에 들어와 우리의 침수(침대 위에서
수다 떠는 걸 우리는 침수라고 불렀다.)를 시작했다.

"무슨 일 있었어? 평소답지 않게 왜 그래?"

"그냥… 댕이(나의 별명)한테 정말 고맙고 미안해서…….'

남편이 한참 뜸을 들이다 대답했다. 솔직한 내 심정으로는 갑자기 얘
가 왜 이러나 싶었다.

"집에는 댕이도 없고, 오늘 게임하는데 같이 할 친구도 없고, '내가 무
엇을 위해 이 게임을 하고 있나.' 싶었어. 그동안 댕이가 준 당근과 채찍
의 말들이 이제 와 닿았어. 나 이제 게임도 안 하고 제대로 살아볼 거야."

남편이 예전에는 마음이 버거워서 제대로 알아차리지 못했다는 것이
다. 자신에게 잔소리한다고만 생각했다고 했다. 그래서 불현듯 옛 생각
에 잠겨 기억을 떠올려보니 나에게 너무 미안하고 고맙다는 생각이 들었
다고 했다.

"댕아! 개차반으로 살았던 나를 이해해 줘서 고마워……. 그리고 진짜
미안해."

이 말을 듣고 나는 아무 말 없이 하염없는 눈물을 쏟아냈다. 어둑한 방

에는 흐느끼는 나와 토닥여주는 남편의 그림자가 이리저리 움직이고 있었다. 그리고 침묵을 깨고 내가 말했다.

"자기야, 솔직히 그동안 내가 힘들지 않았다고 하면 거짓말이다. 정말 힘들었는데 그간의 고생이 다 쓸려 나가는 기분이다. 그렇지만 정말 내가 했던 행동을 보람으로 만들어줘서 고마워. 네가 알아주지 못했다면 내 행동은 아무런 빛을 보지 못했을 건데, 자기가 알아줘서 결국 내 행동이 보람되게 됐어. 기다린 보람이 있네! 진짜 고마워."

이렇게 말하며 하염없이 흘러나오는 눈물을 닦았다. 남편으로부터 그동안의 자기 행동에 대한 반성과 후회에 관한 그의 입장을 들었다.

본인의 민낯을 마주한다는 건 힘들다. 부정하고 싶고, 회피하고 싶은 것이 당연하다. 사람은 쉽게 변하지 않는다. 본인이 자기를 파악하고 깨달아야지만 행동 변화의 이유가 생기고, 그것이 결국 다른 결과를 만들어 낼 뿐이다. 남편 자신이 찰나로 보았던 지난 과거의 행동을 인지했다. 그에 대한 반성과 후회, 그리고 나에 대한 고마움과 미안함을 인정하고 나에게 표현을 해주었다. 이 모든 것에는 당연한 것도 없었고 쉬운 것도 없었다. 울분을 참고, 화를 참고, 때로는 억울해 그에게 피를 토하듯 쏟았던 내 말의 참뜻을 알아준 그에게 고마웠다.

내가 선택한 사람이라는 이유로 내 선택에 책임지기 위해 나를 먼저 변화시킨 행동이 결국 상대를 변하게 했다. 예전에 '존중'이라는 의미를 알려준 분이 생각났다. 이날 남편의 고백이 아니었다면 나도, 우리 남편도 조금씩 무너져가는 자존감을 완전히 회복하지 못했을 것이다. 우리가 서로에게 끌렸던 4년 전에 감정이 그대로 살아오는 듯했다. 남편도 드디어 내면의 아름다움을 품기 시작했다.

5.
서로의 빈틈을 채워준다는 것은

"좋은 결혼은 두 사람이 하나가 되는 게 아니라, 각자의 개성을
유지하면서 함께 새로운 세계를 만들어 나가는 것이다."

– 테레사 알베르티니

    결혼하기 전 빌라를 전전하던 나는 남편을 만나 고층 아파트로 가게
되었다. 나는 우리 형편에 고층 아파트를 욕심내는 건 무리수라고 판단
했다. 그래서 남편을 다그쳤다. 하지만 남편은 우리 형편에 갈 수 있는
아파트를 찾았다. 그리고 우리는 결혼의 첫발을 그곳에서 시작했다. 난
어릴 적 지긋지긋했던 가난한 삶이 만들어 낸 '가난한' 생각을 버리지 못
했다. 열심히 벌어도 빚을 갚느라 허덕이던 나는 우리 남편을 잠깐 원망
했지만, 시간이 지나 무리수라고 여겼던 그 아파트는 우리의 자산이 되
었다.

남편은 또 내가 무리수라고 생각하는 차를 사고 싶다고 했다. 나는 곰곰이 생각했다. 그리고 그 차를 사고 싶은 이유를 물었다. 우리 남편은 차를 좋아한다. 삶의 동기부여가 필요하다고 했다. 좋아하는 것을 통해 힘든 것을 버텨보겠다는 것이다. 그 말에 나는 동의했다. 그래서 나는 우리 남편 인생의 동기부여를 위해 과감하게 그 차를 질렀다. 그리고 부지런히 그 차 빚을 갚았다. 그 차는 또 우리의 능력이 되었다. 내 무의식은 어디선가 보았던 '코이의 법칙'을 떠올렸다.

〈코이의 법칙〉

비단잉어의 하나인 코이는 작은 어항에서 기르면 5~8cm로 자라고, 커다란 수족관이나 연못에 넣어두면 15~25cm까지 자라고, 강물에서 자라면 90~120cm의 대어가 된다. 같은 물고기여도 환경에 따라 성장하는 크기가 달라지듯이 사람도 환경에 비례해 능력이 달라진다.

온실 속의 화초처럼 자란 남편이 본 온실을 나는 보지 못한 환경이었다. 이런 경험을 통해 그 온실의 환경을 배운다. 들판의 거시적인 관점이 보지 못한 온실의 미시적 관점이 만나 만들어낸 성과였다. 내 몸을 지배했던 가난한 생각을 벗어던지는 기회가 되었다. 부자를 꿈꿨지만, 부자의 그릇을 가지진 못했다. 부자의 습관을 위해서만 노력하던 내가 그릇을 바꿀 기회를 만나게 된 것이다.

차근차근 성장하는 삶의 목표가 생겼다. 포장을 바꾼다는 건 곧 나의 그릇을 바꾼다는 말이었다. 나와 내 남편이 로또처럼 모든 게 맞아야 할 필요가 없었다. 되레 맞지 않는 부분이 나를 성장시켰다. 내 세상에 갇혀 알지 못했던 더 넓은 세상을 우리 남편이 가진 조각을 맞춰보며 알게 되었다. 결혼 전 그와 그렸던 결혼생활의 윤곽이 서서히 드러났다.

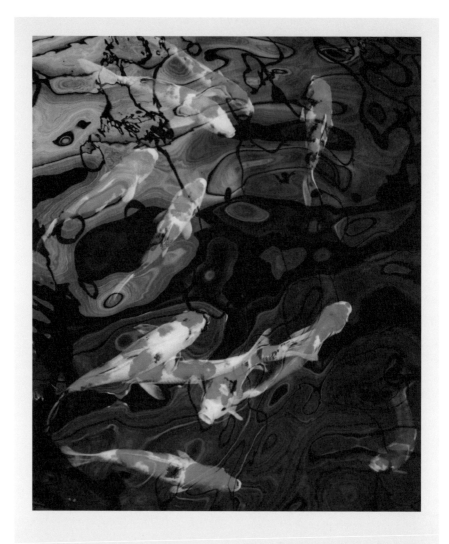

우리가 일궈온 아파트와 자동차라는 자산은 들판의 거시적인 관점이 보지 못한 온실의 미시적 관점이 만나 만들어낸 성과였다.

6.
사랑의 온기로 집안을 가득 채우기 위해

"집을 가장 아름답게 꾸며주는 것은 자주 찾아오는 친구들이다."

– 랄프 왈도 에머슨

어릴 적 엄마가 주방에서 뚝딱 음식 만드는 모습이 신기했다. 그래서 늘 엄마 옆에서 요리하는 것을 지켜보며 대충 눈으로 익혔다. 그래서였을까. 나는 결혼 후에 요리하는 것에 대한 부담감을 전혀 느끼지 못했다. 이모 집에서 먹어보고 맛있었던 반찬을 기억해두었다. 저녁을 준비하려고 그 재료를 기억해 대충 장을 봐왔다. 레시피를 검색해서 그럴 듯하게 만들었다. 남편과 저녁을 먹고 있는데 문득 이런 요리를 하는 과정이 꼭 우리 부부 모습 같았다.

결혼이란 내가 가진 재료와 남편이 가진 재료를 가지고 요리하는 것이다. 처음에는 비슷한 재료를 가졌다는 이유로 서로에게 끌려 결혼했지만, 점점 서로가 가진 낯선 재료에 당황한다. 서로가 가진 재료를 활용할 줄 몰라 늘 썩혀두었다. 하지만 음식을 먹어보는 경험이 다양해지니까 그가 가진 재료를 가지고 할 수 있는 요리에 관심을 가지게 되었다. 재료를 연구하고, 조미료를 연구한다. 알맞은 조리 기구를 구하고, 재료의 특성을 살리는 조리법을 끊임없이 공부한다. 나와 그가 가진 재료를 이용해 만들어진 다양한 음식으로 우리의 식탁이 풍성해진다.

앞서 말한 재료는 경험을 말한다. 다 만들어진 음식은 사랑이다. 그 사랑을 만들기 위한 일종의 레시피는 다른 사람들이 만들어가는 것을 보고 참조한다. 책이나 드라마나 영화 속 주인공들에게 배우기도 하고, 일상에서 만나는 고객들이나 주변 사람들로부터 배운다. 주변 사람들 모두와 일상을 공유하는 것 자체가 나에게 수많은 사랑의 레시피를 익히는 것이다. 남편의 재료를 존중해주었더니 그 재료의 활용법을 찾게 된다. 우리에게 없는 재료는 서로의 노력으로 만들어가기도 한다. 우리 부부가 서로의 자양분이 되어 재료를 키우는 것부터 함께 요리하는 행위를 통해 우리의 사랑을 점점 키워나간다.

산해진미가 가득한 음식은 보기만 해도 군침이 돈다. 상다리 부러질 듯 차려놓은 식탁에 사람들을 초대했다. 시댁 식구도 부르고, 친정 식구도 부르고, 친구들도 불러 매번 다양한 음식을 즐겼다. 둘보다 다 같이 먹을 때 음식은 더 맛있는 법. 어릴 적 엄마가 보여준 따뜻한 고봉밥이 생각났다. 엄마의 사랑으로 시작해 내 가정의 사랑을 키우고, 내 주변 사람들에게 사랑을 베푼다. 내가 그들에게 접대한 건 단순한 음식이 아니라 나의 진심이 가득한 사랑이다. 사랑은 나누면 나눌수록 커져갔다. 시끌벅적한 집안은 사랑의 온기로 가득 채워진다.

다이아몬드와 연필심(흑연)은

모든 구성이 같지만

하나의 결합 차이로 달라진다.

모든 인생에도

주어진 시간은 같지만

마음의 한 끗 차이로 삶이 달라진다.

5장

결국 **다이아몬드가** 되어
찬란하게 반짝이다

omniscient
beauty

프랑스의 소설가 폴 부르제가 한 말 중에 "생각대로 살지 않으면 사는 대로 생
각하게 된다"는 말이 있다. 이 문구는 내가 인생을 어떤 의미로 살 것인지 자꾸
고민하게 한다. 나의 고정관념과 선입견은 세밀한 연마작업을 통해 깨지고, 부
서졌고 다듬어졌다.

1.
낙관 + 그럼에도 불구하고 = 긍정

"삶이란, 우리의 인생 앞에 어떤 일이 생기느냐에 따라 결정되는 것이 아니라, 우리가 어떤 태도를 취하느냐에 따라 결정된다."

— 존 호머 밀스

'See the glass as half-full, not half-empty.'

내 개인 블로그 프로필에 이 영어 속담을 인용해놓았다.

'잔에 물이 반밖에 없다고 생각하지 말고, 반이나 차 있다고 생각하라.' 로 해석되는 이 속담은 의역하면 '긍정적으로 생각하라'이다.

취업을 준비하는 고객이 있었다. 그분은 생각대로 되지 않는 상황에 조금 힘들어보였다. 그날 우리의 대화에서 그녀는 이렇게 말했다.

"좋은 게 좋은 것이라고 생각하는 스타일인데, 희망이 보이지 않아요. 긍정적으로 살아야 한다고 해서 잘될 것이라며 스스로 위로하는데 결과는 마냥 좋지만은 않아요."

"저도 그 시기에는 정말 힘들었던 것 같아요. 하는 것마다 실패했거든요. 계속 방황했고, 고민하니까 천직을 만나게 되더라고요. 저도 제가 이 일을 할지 그때는 몰랐어요. ○○님도 결과가 아직 나타나지 않은 게 아닐까요? 과정은 참 힘들죠? 힘든 시기를 '그럼에도 불구하고' 정신으로 이어 가시면 언젠가는 꼭 빛을 발하실 거예요. 지금도 충분히 잘하고 계세요."

우리는 긍정이라는 단어를 두고 종종 착각하곤 한다. 긍정을 낙관이라는 좁은 개념으로만 해석한다. 낙관은 사전적 의미로 '인생이나 사물을 밝고 희망적인 것으로 봄.', '앞으로의 일 따위가 잘되어 갈 것으로 여김.'을 뜻한다. 어떤 일을 해도 우리에게 늘 희망적인 결과, 즉 성공만이 있는 것이 아니다. 성공한 사람들의 스토리만 들어도 그들은 남들이 알아주는 결과를 보이기까지 수도 없는 낙심을 견뎌낸 사람들이다. 그들에게도 이날의 고객이 가진 좌절의 시간이 숱하게 있었을 것이다.

그리고 한참 후 우연히 조혜련의 〈스탠드 업〉이라는 영상을 접하게 되었다. 동갑 친구 강호동으로부터 "혜련아, 인생에는 성공과 실패가 있지?"라는 질문을 받았다. "그렇지, 성공과 실패가 있지." 그랬더니 강호동이 이렇게 말했다고 한다.

"틀렸다! 성공과 어떻게 실패가 있노. 뭐가 실패고?
대학 떨어지면 실패야? 취직 안 되면 실패가?
인생에는 성공과 '과정'만 있지."

사람들의 뇌리에는 성공과 실패라는 이분법 사고가 박혀 있다. 전쟁과 IMF와 같은 상황이 인간을 빈곤하게 만들었고, 그 상황에서 벗어나기 위해선 성공을 향한 열망과 희망으로 사람들을 일으켰을지 모른다. 급속도로 발전하기 위해 사람들을 이분법적 사고로 다그쳐왔지 않았을까? 그 사고가 지금까지 이어져 우리를 지속해서 괴롭히는 것은 아닐까. 현재 우리가 살고 있는 현대 시대는 먹고살기가 힘든 시대가 아니다. 이제 대한민국은 전 세계에서 주목받는 나라가 되었다. 시대와 상황이 변한만큼 우리는 그 이분법적 통념에서 벗어나야 한다.

성공과 과정으로 이루어진 인생에서 우리가 긍정적으로 사고한다는 것은 낙관적인 것뿐 아니라 시련과 역경을 이겨내는 '그럼에도 불구하고' 정신을 바탕으로 수순을 밟는 것이다. 우리가 하는 모든 도전은 값지고 아름다운 것이다. 특정 기준에 도달하지 못했다고 해서 그것이 실패가 아니라 되돌아볼 필요가 있는 시점을 알려주는 것일지 모른다. 쉬어야 할 수도 있고, 기준을 조절해 볼 수도 있고, 하던 방식을 바꿔야 할 시점일 수도 있다. 그러한 노력이 결국 경험으로 남아 이겨내는 힘을 기르게 되는 것이다.

나도 누군가의 성공을 보면서 부러워하고, 그들에 비해 내가 보잘 것 없다는 생각이 들 때면 수없이 좌절해 왔다. 하지만 그럴 때마다 나의 이전 모습으로 위로받았다. 힘들었던 시기를 버티며 현재의 모습으로 만들었던 나 자신을 통해 "그래 그럼에도 불구하고 여기까지 왔잖아." 하며 그 시기를 이겨냈다.

긍정이 곧 희망이었기 때문에 도전했고, 긍정이 '그럼에도 불구하고'였기 때문에 도전 중에도 버틸 수 있는 원동력이 되었다. 사람마다 성공의 정의는 다르다. 내가 원하는 삶이 무엇인지 파악하는 것이 1순위이고, 그러한 삶을 위해 내가 당장 해야 할 것이 무엇인지 파악하고 긍정의 의미를 되새기며 나아가면 된다. 여태까지 잘해왔고, 앞으로도 잘할 수 있는 긍정의 힘이 있는데 무엇이 무섭겠는가. 그 긍정의 힘을 나 자신을 믿는 것에 썼으면 좋겠다.

2.
삶을 즐겁게 하는 나만의 균형점을 발견하다

"인생은 자전거를 타는 것과 같다. 균형을 잡으려면 움직여야
한다."

― 알버트 아인슈타인

주말에 늘 방문하시던 고객이 평일 저녁에 오신 적이 있다. 어느 때나
마찬가지로 그녀를 반갑게 맞이했다. 그녀는 날 보자마자 놀라며 말했다.

"선생님은 저녁에도 어떻게 하이 텐션을 유지할 수 있어요?"

퇴근 후 기진맥진한 그녀와 다르게 여전히 하이 텐션을 유지하는 내가
마냥 신기했다 보다. 아무래도 많은 사람과 대화를 하고, 많은 사람을 만
나는 직업이다 보니 내향형인 고객들은 언제나 하이 텐션인 나를 신기해
하기도 하고 부러워하기도 한다. 다행스럽게도 나는 사람들로부터 에너

지를 충전하는 성향이라 이 직업과 굉장히 잘 맞다. 1:1로 자주 만나는 것은 전혀 부담스럽지 않다. 하지만 나는 사람 많은 헬스장 가서 운동하는 것도, 밀폐된 공간에 많은 사람이 있는 곳도 꺼린다.

외향적이라고 해도 나는 일이 아닌 일상을 보낼 때는 보통 혼자 하는 경우가 많다. 사람들과 어울려서 운동하기보다 홀로 운동하는 편이다. 유산소 운동을 더 선호하지만, 근력운동도 한다. 그 운동 비율을 다르게 할 뿐이다. 관리가 많았던 한 주의 휴무 날에는 집에서 휴식을 하는 편이고, 관리가 적었던 한 주의 휴무 날에는 밖으로 나가며 휴무 날의 컨디션을 조절한다. 내 몸과 마음이 on & off 일상의 균형을 잘 맞추고 있어서 고객들이 올 때면 늘 한결같은 밝음을 유지할 수 있었다고 말할 수 있다.

균형을 맞춘다는 건 5:5로 정확하게 나눈다는 의미가 아니다. 극단적이지 않다는 것이다. 예를 들어 사람을 만나서 에너지를 얻는 스타일의 사람도 사람을 만나지 않고, 집에서든 밖에서든 혼자만의 시간도 필요하다는 의미이고, 유산소 운동을 좋아해도 근력운동을 해야 한다는 의미이고, 돈을 버는 것도 중요하지만 잘 쓰는 것도 중요하다는 것을 의미한다. 먹으면 비워주어야 하며, 육식도 채식도 골고루 먹어야 하며, 일을 좋아한다고 해서 일만 할 수 없고 충분히 놀아줘야 한다는 것을 의미하기도 한다. 계획만 하면서 살 수도 없고, 즉흥적인 일에 대한 마음의 유연함도 알아야 한다. 그 비율의 차이는 사람마다 다르므로 자기 자신에 관한 관심과 애정을 강조한 이유가 이 때문이다.

좋아하고, 하고 싶은 것 혹은 해야 하는 것으로만 채우게 되면 우리 몸과 뇌는 거기에 디폴트 값이 된다. 하기 싫은 것, 놓아도 되는 것은 미루게 되고, 해야 하는 것임에도 불구하고 할 수 없는 상황이라 인지하여 반감을 키운다. 결국 나중에는 억지로 하게 되면서 스트레스 지수가 올라가게 된다. 그러한 스트레스는 몸으로 반응하거나 불만이라는 감정으로 표현된다. 물론 나도 해야 하는 것들에만 몰입하던 때가 있었다. 하지만 순간적인 일의 능률은 올랐을지 몰라도 지속되지도 않았고, 무엇보다 행복하지가 않았다. 불안했고 불만스러웠던 감정이 늘 밑바닥에 깔려 있었기 때문에 상황이 조금만 좋지 않게 되면 그 부정의 감정이 스멀스멀 올라와 내 마음 전체를 지배했다.

고객 중 특목고 학생이 있다. 그분에게 그 학교의 학생은 공부만 하느냐고 물었다. 의외의 대답이 나왔다. 운동을 잘하는 친구가 공부도 잘하고, 잘 노는 친구들이 공부를 더 잘한다는 것이다. 공부를 잘한다는 친구들만 모이는 고등학교에서도 일상의 밸런스를 잘 맞추는 학생들이 결과도 더 좋고, 웃는 일이 더 많다고 했다.

인생은 내가 원하는 대로만 흘러가지 않는다. 내가 평소에 자주 하지 않던 일상의 경험치를 쌓아두면 생각의 폭도 넓어지고, 여유가 생겨난다. 모순된 행동을 적당히 섞는 연습이 필요하다. 나도 오랜 연습을 통해 나만의 적당한 삶의 균형 비율을 알게 되었다. 그리고 에너지를 분산하는 법을 체득하게 되어 오래 하이 텐션을 유지할 수 있게 되었다. 싫어하지만 해야 하는 것에 대한 스트레스를 덜 받는 방법은 조금씩 나눠서 하는 것이다. 일상에서 균형을 맞춘다는 건 스트레스를 조절할 뿐 아니라 일의 능률도 오르고, 내가 원하는 대로 삶을 이끌 수 있게 된다.

3.
여유는 나는 것이 아니라 내는 것이다

한 분은 습관적으로 이렇게 말씀하곤 했다. '그런 거 살 돈 없다.'
다른 아버지는 그런 말을 입에 담지 못하게 했다. 대신 이렇게
자문하도록 시켰다. "내가 어떻게 하면 그런 걸 살 수 있을까?"

— 로버트 기요사키 『부자 아빠 가난한 아빠』

누군가 나에게 취미가 뭐냐고 물어본다면 '통장 정리'라고 말할 것이
다. 우리가 흔히 아는 취미 활동은 정말 다양할 텐데 나처럼 통장 정리
라고 말하는 사람은 없을 것이다. 취미의 사전적 의미는 '전문적으로 하
는 것이 아닌 좋아서 즐기기 위해 하는 것'이다. 여러 은행에 흩어진 통장
에 돈을 분류하고, 어떻게 사용할지 고민하는 그 재미가 쏠쏠하다. 통장
마다 애정을 담아 소중히 다루는 것이 꼭 어릴 때 하던 인형 놀이 같기도
하고, 내가 써놓았던 카드 값 혹은 필요에 의해 쓴 대출금을 통장에 있는
돈으로 갚아나가며 '0'으로 만드는 것이 테트리스 같기도 하다. 퍼즐을

쌓아 간격에 맞춰 딱 들어갔을 때 그 블록이 와르르 사라지는 느낌처럼 짜릿하기 그지없다.

며칠 전에도 역시나 취미 생활을 즐기고 있었다. 일단 들어오는 모든 돈을 분산하는 것부터 시작한다. 목돈이 모여 있으면 꼭 써야 할 것만 같은 느낌이 들어서 최대한 쪼개어 둔다. 통장마다 이름을 붙여 그 목적에 맞게 쓴다. 앱 가계부에 일일이 적어두면 퍼져 있는 돈을 한 번에 관리할 수 있어서 편하다. 돈을 주로 어디에 사용하는지를 확인하면 내가 무엇을 좋아하는지도 알 수 있다. 돈의 흐름이 파악되니 허리띠를 졸라매야 하는 상황이 오면 단번에 지출을 줄일 항목을 선택한다. 취미 생활로 다져진 주기적인 통장 정리는 과소비하는 습관을 막아준다.(물론 가진 돈에서 과감하게 지를 때도 있다. 이를테면 좋아하는 옷을 살 때?)

일부러 잘 사용하지 않는 통장에 매월 2만 원씩 입금되도록 자동이체를 걸어두었다. 2만 원의 작은 돈이 어느새 생각보다 큰 금액이 되어 눈에 띄기 시작했다. '언젠가'라는 막연한 의미로 모아두고 잊고 지냈던 이름 없는 통장이었다. 돈을 모으려고 애쓸 때에는 그렇게 모이지 않았던 돈이 티끌 모아 태산이 되었다. 이 돈의 사용처를 정하지 못하고 있었는데 며칠 전 책 쓰기 모임(기존 독서 모임)에서 책 출간하는 과정을 듣게 되었다. 티끌 모아 태산이 된 이 돈을 아주 의미 있는 과정에 쓸 수 있을 것 같다. 의미가 없어 잊혔던 그 통장의 이름은 오늘 탄생하였다.

'꿈의 통장'

어릴 때 나는 "언젠가 커서 나도 내 이름을 건 자서전을 쓰고 싶어."라는 말을 자주 했다. 힘든 시절 책을 통해 나를 돌아보고, 나를 알아가고, 나를 사랑하려고 했다. 제2의 인생을 꿈꾸며 다시 태어난 나는 수많은 고객의 입으로 전해진 말들을 귀담아들으며 일련의 과정을 반복한다. 그렇게 다듬고 다듬어진 나를 그리는 자화상 같은 글들이 한 권의 책으로 엮인다. 일상을 하나에 몰빵해 담지 않고 작게 쪼개어 태산으로 만들었으니, 마치 취미생활 통장 같다. 작은 성취가 모여 '나'라는 사람을 만들어가는 재미. 결국 인생을 취미 생활처럼 즐기는 내가 되었다.

사실 '취미'란 주제로 고객들과 이야기할 때면 나는 할 말이 없었다. 여유가 있는 사람들의 놀이라고 생각했다. 취미 생활하는 여유가 부러웠다. 그것이 금전적이든, 시간적이든 모든 게 부러웠던 시절이 있었다. 하지만 취미는 그냥 재미와 배움을 느끼는 '의미'에 집중하면 나도 할 수 있는 게 많았다. 통장을 정리하는 것도, 강변에 나가 러닝을 하는 것도, 등산하며 자연을 만끽하는 이 모든 것은 돈을 들이지 않고 즐길 수 있었다. 남들을 무작정 따라 하기보다 남들과 다른 나의 것을 찾는 일 또한 나의 취미생활이 되어 가고 있다. 이제는 알 것 같다. 여유는 나는 것이 아니라 내는 것임을. 취미 생활로 몸도 마음도 건강하게 채우고, 돈으로 해야 하는 것들도 나만의 방식으로 쌓아 올리며 이제는 여유를 내는 중이다.

4.
행운을 불러오는 방법

"모든 것 중 최고의 행운은 당신이 <u>스스로</u> 만드는 행운이다."

– 더글러스 맥아더

세상에 공짜는 없다

중학교 1학년, 엄마가 돌아가셨다. 엄마라는 존재가 너무도 필요하다고 생각한 시기였을 때 엄마는 우리 형제자매를 두고 그렇게 먼 길을 떠나셨다. 그때는 불행하다고 생각했다. 고등학생 때 수험 준비를 위해 토요일에도 학교를 갔다. 다들 엄마가 도시락을 싸줄 때, 나는 남들보다 5분이라도 일찍 일어나 내가 먹을 도시락을 홀로 쌌다. 본인의 삶을 더 중요하게 사시는 아빠가 있지만 역할은 부재했다. 중학교 때부터 열심히 아르바이트할 수밖에 없었다. 결핍은 나를 더 단단하게 만들었다. 살기 위해 혼자서라도 무엇이든 해야 했다.

성인이 되고 나는 혼자서 선택하는 상황에 익숙했다. 시행착오를 겪으며 늘 해왔던 것이었기 때문에 할 수 없다는 생각보다 '왜 못해'라는 마음이 강했다. 반면 주변 사람들이 부모님 때문에 자신이 원하는 선택을 보류하거나 놓치는 경우를 자주 보게 되었다. 본인이 하고 싶은데도 하지 못하거나, 늘 부모님이 해왔기에 성인이 되어도 할 줄 모르거나 하는 등의 행동이 심심찮게 보였다. 손해라고 생각했던 어릴 적 나의 현실이 나를 독립적이고, 자율적이며, 생활력 강한 사람으로 만들어 준 혜택이 되어버린 것이다.

결혼하고 부모의 역할에 대해 생각해본 계기가 있었다. 결혼하고 잠시 하던 일을 멈추고 남편의 수입으로만 생활해야 하는 때였다. 그때의 나는 스스로 어떤 것도 하지 않는다는 불안감에 사로 잡혀 있었다. 집에서 가만히 있지 못해 아르바이트를 했다. 남편 소득의 크기와 상관없이 나는 그냥 안절부절못했다. 때론 누군가에게 의지해야 한다는 것을 알면서도 의지해본 적이 없기 때문에 하지 못했다. 이때 부모의 역할은 자식들의 큰 울타리였다는 걸 깨달았다. 부모의 역할 부재는 곧 어릴 적 안전하고 안정적인 느낌을 받지 못한 것의 결과물이 되어 결혼 후 나에게 나타났다.

불안하면 내려놓을 게 있다는 신호임을 이제는 안다. 무엇을 내가 내려놓아야 하는지에 대한 고민을 시작한다. 인생의 책임감이라는 무게를 결혼 후에는 더 이상 혼자만 짊어지고 가지 않아도 된다. 현실과 상황이 변한 만큼 내가 가지고 있는 무게도 조금 내려놓을 필요가 있다. 혼자의 주체적인 삶과 둘이 함께하는 시너지 얻는 삶이라는 추를 평평하게 균형을 맞출 새로운 미션이 시작된 것이다. 더불어 내가 부모가 되었을 때 우리 아이에게 어떤 울타리로 존재해 줄지에 대한 고민의 시작을 뜻하기도 한다. 아이가 스스로 할 수 있도록 내버려두되, 아이 주변에서 일정한 거리를 두고 지켜봐 주는 것이 부모의 역할이라는 것을 지난 나의 삶을 통해 배운다.

해야 하는 것을 하지 않았기 때문에
할 수 없음에도 무리해서 했기 때문에
할 수 있는데 하지 않았기 때문에
하지 말아야 할 것을 했기 때문에

우리에게 일어나는 일의 대부분은 4가지 때문에 문제가 발생한다. 부정하고 싶은 상황과 현실의 문제가 생각보다 내 노력의 여부에 따라 혹은 자신의 감정을 조절하지 못함에 있어서 생기는 경우가 많다. 반대로 생각하면 부정적인 일은 나의 노력과 감정을 조절함으로써 일어나지 않을 일이 되기도 한다는 뜻이다. 물론 내 인생의 부모님 부재는 내가 무엇을 잘

못하거나 마땅히 해야 할 것을 하지 않아서 생긴 일은 아니다. 부모님 인생의 연장선으로 나에게 영향을 미친 것일 뿐이다. 여기서 시사하는 바는 나를 비롯한 주변 모든 사람에게 내 인생도 영향을 미칠 수 있다는 것이다. 본인의 인생에 더욱더 책임감을 가지고 살아야 하는 이유이다.

어릴 때 부모님의 부재를 불행으로만 여겨 아무것도 하지 않았다면 나는 불운아로 남았을지 모른다. 행운을 불러오는 건 결국 내 마음이었다. 부모님의 부재라는 것 하나만 두고 보았을 때도 어릴 적 나에게는 불행이었고 성인이 되었을 때는 뜻하지 않은 행운이 되었다가 결혼 전과 후에도 내 삶의 불안 요소를 극복해야 한다고 알려주는 신호가 되었다. 무심코 흘려보냈던 일들을 되짚어보니 세상에 공짜로 얻는 것도 없었고, 잃은 것도 없었다.

베푼 만큼 돌아온다

나는 '효율'이라는 말을 좋아한다. '효율적'이란 들인 노력에 비하여 얻는 결과가 큰 것을 의미한다. 그렇기에 들인 노력에 '행운'이라는 것이 필요하다. 그 행운을 불러오는 방법은 의외로 간단했다. 시너지의 힘을 믿는 것이다. 시너지의 힘은 손해 보듯 사는 노력에서 비롯된다고 생각한다. 사람은 혼자만 잘 살 수 없고, 내 인생이 누군가에게 영향을 미칠 수 있으며 누군가의 인생이 내 인생에 영향을 줄 수 있다는 사실 또한 부정할 수 없다. 남을 위해 베푼 노력은 가까이서 보면 나에게 손실 같지만, 손해 보듯 사는 것이 남을 위한 마음으로 쓰인다면 반드시 손해 본 만큼 이득으로 돌아오게 된다.

나의 인생을 위해 노력한 것에 다른 사람을 위하는 마음을 작게라도 보탰더니 뜻하지 않은 행운의 여신이 나의 근처에서 머물고 있음을 느낀다. 어떤 것을 이루기 위한 노력에는 언제나 고통과 인내가 따른다. 고통과 인내를 이겨낼 촉매제는 나만의 이익을 위해 살지 않는 것이다. 고통과 인내를 이겨내는 시간은 길지만, 공짜는 빠르게 물든다. 당장의 이익과 보상은 쉽게 잃어지기도 하는 것임을 인생의 직·간접 경험이 쌓일수록 확실해진다.

하루, 이틀 사이로 나의 인생을 판단하지 말자. "인생은 가까이서 보면 비극이고, 멀리서 보면 희극이다."라는 찰리 채플린의 말처럼 나는 짧게 보면 비극이지만, 길게 보면 희극이라고 말하고 싶다. 상황을 부정하지 말고, 나를 믿고 작은 것이라도 실천하고 행동해보자. 그 행동이 뜻하지 않은 경험으로 시간이 지나 행운으로 남아 있을 것이다. 내가 하는 행동에 남을 위한 마음을 더한다면 그 실천의 힘은 세상보다 강력한 결과로 돌아올 것이라고 확신한다.

5.
같은 주파수의 사람들은 서로를 끌어당긴다

"내 자신을 좋은 사람으로 바꾸려고 노력하니까 좋은 사람이
오더라."

– 이효리

굉장히 치열하면서도 거칠었고, 알게 모르게 받은 상처가 많았던 시기
를 꼽으라 하면 나는 대학 시절이다. 경제적으로나, 정신적으로나, 현실
적인 모든 부분에서 힘들었던 그때의 고군분투한 시절은 내 인생에 없어
서는 안 될 찬란한 순간들의 집합이었다. 그 모든 순간 나를 진심으로 다
독여주고, 내 마음의 기둥을 세워주신 잊지 못할 분이 한 명 있다. 바로
도서관 사서 선생님이다. 내 인생 전환점의 물꼬를 터주신 분이며, 나도
몰랐던 나의 잠재 감성을 수면 위로 올려 놓아주신 분이다. 지금까지 살
아오면서 책을 가장 많이 읽은 순간을 만들어주신 분이기도 하다.

책 쓰고 싶다는 인생의 거대한 꿈은 이때 꾸었다. 선생님과 대화하면서 느낀 감정이 모여 생각의 방향을 내 인생 주인공이 되겠노라고 다짐하며 꾸었던 꿈이었다. 내 인생의 주인공이 '나'라고 알려주신 선생님 덕분에 내 삶의 책임 의식을 느끼며 살게 되었다. 20대 초반에 선생님을 만나 인생의 큰 숲을 그리고 20대 후반이 되어 나는 결혼하고, 일을 통해 일상의 나무를 심고 있을 때였다. 매일 반복된 삶으로 익숙해질 때쯤 적당한 시련으로 나를 되짚어보는 기회가 생겼다. 선생님이 생각나 오랜만에 연락했다. 그녀에게 근황을 전하면서 내 인생 '멘토'라는 말로 감사함을 표현했다. 그녀는 우리 인연의 결을 주파수로 비유해 답해 주었고, 나에게 새로운 인생 방향을 짚어주었다.

"좋은 주파수를 가진 사람을 만나고 싶다면 나 또한 좋은 주파수의 사람이 돼야 한대~ 우리는 나이와 상관없이 같은 주파수를 가진 사람인 것 같아. 자기 자리에서 행복을 느끼고 더 발전하려고 노력하는 향기로운 여자로 너의 삶은 물론 다른 이들의 삶까지 빛내고 있을 거로 생각한다^^"

그녀가 나에게 그랬던 것처럼 나도 내 주변 모든 사람에게 좋은 주파수의 사람이 되고 싶다는 생각이 들었다. 선생님이 말씀하신 향기로운 여자가 되고 싶다는 막연한 소망도 생기기 시작했다.

라디오에 주파수를 맞추다 보면 찌지직거리는 소리 뒤에 '내가 듣고 싶은' 라디오 소리가 나오듯 인간관계도 그러했다. 내가 나를 알아갈수록 삐걱거리던 관계도 점점 맞춰지고, 결이 다른 사람과의 인연은 자연스럽게 끊어졌다. 반면 좋은 사람을 만나 그들의 모습을 닮아가려고 노력하는 모든 것들이 나의 좋은 주파수를 찾기 위한 과정이었음을 알게 되었다. 내가 듣고 싶었던 라디오의 감도를 일찍이 알지 못하면 찌지직거리는 인연을 숱하게 만나야 했을 것이다. '내가 듣고 싶은' 것에 주목해야 한다는 걸 시나브로 깨달았다.

일찍이 나의 주파수를 고민해서였을까? 서비스업을 운영하며 진상고객이 없었다는 것이 감사하다. 오히려 비슷한 결, 주파수가 같은 사람, 끼리끼리임을 증명하듯 같은 기운을 가진 사람들이 찾아온다. 심지어 그들과 나눈 대화도 심층적이고, 꽤 철학적이다. 막연했던 소망을 이제는 펼칠 때가 온 것 같다. 향기로운 여자, 좋은 감도의 주파수가 되어 나와 인연이 된 사람들을 위해 평범한 일상에 숨겨진 그들의 희소하고 특별한 아름다움을 찾아주고 싶다. 나도 좋은 사람이 있어 좋은 사람이 되었다는 선순환에 감사함을 느끼며.

6.

친절한 사람이 되어야 하는 이유

"커뮤니케이션 능력은 타고나는 것이 아니라 훈련으로 습득된다."

– 콘돌리자 라이스

처음 왁싱을 접하는 사람들이 방문하면 간단하게 상담 차트를 작성 후 왁싱 전후로 고객이 주의해야 할 사항을 안내한다. 그 상담에서 빼놓지 않는 이야기가 있다. 바로 '인그로운 헤어' 관리법이다.

인그로운 헤어(Ingrown hairs)란 면도, 레이저, 왁싱 등을 통해 제모한 후 피부 밖으로 자라지 못하고 각질층에 덮여 피부 안쪽으로 갇히는 체모를 말한다.

각질은 28일 주기로 끊임없이 생성하여 성장하고 소멸을 반복한다. 제모 후 자라는 체모의 속도와 각질 주기가 틀어지게 되면 체모가 각질층을 뚫지 못하고 피부 속으로 박혀버린다. 인그로운 헤어를 예방하기 위해서는 제모한 후 3일이 지난 날부터 주 2~3회씩 각질제거제, 혹은 바디스크럽으로 각질이 두껍게 쌓이지 않도록 해주어야 한다. 로션을 바르면 각질이 들뜨지 않고 피부와 밀착되어 자라나는 체모가 각질을 뚫고 나오기가 쉬워진다.

상담 시 이 점을 반복해서 안내하다 보면 나에게는 너무 익숙한 이야기가 되어버린다. 나도 모르는 사이 오시는 고객도 당연히 알 것이라는 마음으로 대충 설명한 적이 있었다. 상담 절차를 지켜보던 원장님이 직원들을 불러놓고 이런 말을 했다. 그 순간 내 마음이 들킨 것 같아 뜨끔했다.

"우리는 계속 말해서 당연히 아는 것 같지만, 손님들은 모를 수 있어! 그러니까 친절하게 안내해 줘."

어디선가 '지식의 저주'라는 단어를 본 적이 있다. 위키백과에 따르면 지식의 저주(curse of knowledge)란, 의사소통을 할 때 듣는 사람도 내가 갖고 있는 배경지식을 가지고 있다고 자신도 모르게 추측하여 발생하는 인식적 편견이라고 한다. 쉽게 말하면 내가 알고 있는 것을 당연하게 상대도 알고 있을 것으로 생각해 상대가 알아야 할 중요한 이야기임에도 상세하게 말하지 않는 것이다. 이런 인식의 왜곡으로 서로 간의 오해가 생겨 의사소통이 원활하지 않게 된다. 내가 뜨끔했던 기억 때문이었을까. 이 단어를 보고 나는 몇 번이나 의미를 되짚어보았다.

처음 왁서로 일을 할 때 기술이 손에 익지 않아 벌벌 떠는 손으로 털을 뽑고, 1시간 남짓 동안 대화를 통해 분위기도 풀어야 했다. "저 사람은 왜 저렇게 하지?", "어떻게 저런 행동을 하지?" 생각하며 손이 멈춰질 때가 많아 당황했다. 나와는 너무 다른 이야기, 내가 몰랐던 이야기, 같은 일도 나와 다르게 해석하는 사람들의 이야기는 늘 나를 놀라게 했다. 다양한 사람들을 만나다 보면 의문을 품었던 일을 하는 사람들의 집단이 그려진다. 그렇게 수많은 집단을 보고는 나도 "아 나와 다른 사람들이구나. 저럴 수도 있겠구나." 하며 받아들이기 시작했다. 그 인정은 나의 고립된 세계의 문을 열어주었다.

그건 뭐예요?

그렇게 생각하신 이유가 있으세요?

그건 뭐가 좋아요?

제가 잘 몰라서 그 부분에 대해서 자세히 설명 좀 해주세요.

대화 도중 모르는 부분이 있으면 질문해 가며 상대를 알아간다. 상대는 내가 알 것이라고 넘긴 부분이었겠지만, 나는 그 부분을 질문을 통해 꼭 짚고 넘어간다. 서로간의 인식 왜곡이 줄어들게 되니 대화가 더욱 재밌다. 10년 동안 나눈 대화를 통해 간접 경험의 영역이 확장되었고, 풍성해진 대화 주제만큼이나 고객과의 친밀감 형성이 빨라진다.

털이 자라는 시기에 맞춰 방문하시는 분들은 빠르면 한 달에 한 번씩 주기적으로 만난다. 오늘도 오시는 고객들에게 밝게 인사한다. 그들에게 내가 웃으며 건네는 첫마디는 "안녕하세요. 잘 지내셨어요?"로 그들의 안부로 시작한다. 그 안부로 시작해 우리는 그동안 만나지 못하면서 있었던 이야기보따리를 풀어낸다. 그들의 이야기를 경청하다 보면 고객 한 분, 한 분의 일생을 들여다보게 되기도 한다. 그래서 어떤 고민을 이야기할 때 그 사람의 입장에서 이야기해 줄 수 있는 기술력이 키워진 것 같다.

이 기술력은 일할 때뿐 아니라 나의 인간관계에서도 많은 도움이 되었다. 의사소통의 왜곡이 줄어들어서 더욱 관계가 깊어졌다. 좀처럼 맞지 않던 남편과의 간극도 좁혀가게 된 건 이 직업으로 배운 대화의 기술 덕분이다. '지식의 저주'는 지금처럼 정보의 바다에서 허우적거리는 우리가 꼭 알아야 할 표현이 아닐까. 친절은 쌓아온 선입견을 깨트려주기도 하고, 본인의 신념을 굳건하게 만들어가는 기술적 행동이다. 지식의 저주에서 벗어나게 해준다. 내가 아는 걸 친절하게 알려주는 것처럼 남이 친절하게 알려주는 것을 받아들이다 보면 인간관계에 높았던 벽을 무너뜨린다.

7.
인간관계의 어려움을 극복하고 싶다면

"고마우면 고맙다고, 미안하면 미안하다고 큰 소리로 말하라.
남이 내 마음속까지 읽을 만큼 한가하지 않다."

– 탈무드

인간관계를 쉽게 풀어가는 세 가지 표현

초등학교 6학년 때였다. 나는 작은언니랑 싸우고 잘못한 걸 알면서도 미안하다고 사과하지 않았다. 자존심이 상해서였다. "야!", "야!" 부르는 언니를 무시하고 도망쳐 나왔다. 화가 난 언니는 전력질주 해 나를 붙잡았다. 그리고 내 오른쪽 뺨을 때렸다. 맞은 뺨을 부여잡으며 또 도망치려는 나를 언니는 잡고 놔주지 않았다. 나는 눈알 뽑힐 듯 언니를 째려보았다. 바로 언니의 손은 나의 왼쪽 뺨에 맞닿았고, 내 양쪽 볼은 빨개졌다. 언니는 나보다 더 크게 눈을 뜨며 말했다.

"야, 사람은 미안하다는 말과 고맙다는 말은 하고 살아야 한다. 네가 잘못해 놓고 어디서 자존심 세우고 있는데?"

언니의 말이 끝남과 동시에 내 코에서 쌍코피가 흘렀다. 나는 말없이 뛰쳐나와 공원에서 눈과 코에서 흐르는 것들을 쉼 없이 닦아 냈다. 아직도 선명하게 남은 언니의 말은 내가 자존심 세울 때마다 불현듯 떠올라 나를 괴롭혔다. 그 말은 나의 쌍코피처럼 붉게 가슴에 새겨졌다.

살면서 크게 느끼는 진리 중 하나가 '당연한 것은 없다.'이다. 이는 곧 인정한다는 말이다. 어떤 상황에서 미안함을 표현할 때는 자기의 잘못과 실수를 인정해서 나오는 말이고, 어떤 상황에서 다른 사람의 노력과 공을 인정하기에 나오는 말이 고맙다는 말이다. 그래서 미안하고 고맙다는 표현을 적절하게 잘하는 사람은 인간관계도 잘한다. 미안하다는 말과 고맙다는 말이 당연하지 않다는 걸 알리는 최고의 표현이기 때문이다.

미안하고 고맙다는 표현에 서툴 수는 있다. 노력하면 충분히 바뀔 수 있다고 생각한다. 하지만 그런 마음을 갖지 않는 건 본인과 타인을 모두 기만하는 행동이다. 인정의 반대는 합리화이다. 합리화는 잘못된 걸 알면서도 해야 하는 이유를 만들어 낼 때 나타나는 행동이기 때문에 합리화에 익숙해지면 부정이 쌓이게 된다. 단번에 알아차리기 힘들도록 미세하게 쌓이고 쌓여 나중에 큰 문제가 되어 분명히 돌아온다. 부정된 행동을 만회하라고 우리에게 끊임없이 기회를 준다. 그 기회는 시련의 형태로 다가오기 때문에 기회인 줄 모르고 우리는 회피하려고 한다. 하지만 시련과 고통이 주는 진실은 회피한다고 사라지는 것이 아니다. 차라리 '인정'하고 감내하다 보면 부정이 하나씩 벗겨져 긍정의 기운으로 채워질 것이다.

사랑은 미안함과 고마움의 감정과 표현이 쌓여 만들어낸 가치이다. 이 또한 가족이니까, 부부니까, 친구니까 생기는 당연한 감정이 아닌 노력으로 유지할 수 있는 가치이다. 노력의 형태가 진심, 믿음, 배려, 존중이며, 노력의 결실이 결국 사랑이 되는 것이다. 어릴 적 나도 자존심 때문에 나의 잘못을 인정하지 못했다. 나를 속여 왔다. 그런 행동이 쌓여 나를 사랑할 수 없었다. 나를 사랑하지 않으면 검게 물들여 어떤 것도 아름다움 그대로 볼 수 없었다.

상대의 입장을 이해하고, 내가 실수하고 오해한 부분에서 '미안하다'는 진심 어린 사과가 결국 내 진심을 전하게 되는 것임을 나도 돌고 돌아 알게 되었다. '내 마음을 언젠가 알아주겠지' 하는 건 없다. 표현해야 한다. 그 표현이 그 상대를 탓하는 것이 아닌 미안하고 고맙다는 내 진심을 전하게 되면 그 상대도 분명히 알게 된다. 이제는 말이 몇 마디만 오가도 사람의 깊이가 느껴진다. "미안해. 고마워. 사랑해." 이 말을 잘하는 사람은 어떠한 노력을 하며 살아왔는지 보고 듣지 않아도 알 수 있다. 그 깊이가 느껴지는 사람을 만나면 그분의 노고를 인정하여 나는 힘껏 박수쳐주고 싶다.

묵은 때와 묵은 감정

"왜 샤워부스의 물기를 안 닦는 거야?"

샤워하고 나온 나에게 남편이 잔소리를 했다. 그래서 내가 대답했다.

"잉? 그걸 닦아야 해?"

"안 그러면 물때가 하얗게 끼잖아. 난 엄마한테 진짜 많이 혼났는데 댕이(나의 별명)도 혼나야겠다."

남편이 어이없다는 표정으로 말했다. 우리의 일상적인 대화가 오간 후 샤워할 때마다 남편의 잔소리가 신경이 쓰여서 주변 물기를 닦아내고 나왔다. '귀찮은데 이걸 해야 하나?' 의문이 들 쯤, 남편이 아침에 급하게 나가면서 닦지 않은 하얀 얼룩을 보았다. 투명하던 물은 하얗게 얼룩져

지저분해 보였다. '귀찮아도 바로 닦아야겠구나.'라고 느꼈다.

얼마 전 친구와 오해하는 상황이 생겼다. '친구의 의미'가 다른 탓에 우리는 서로에게 상처를 받았다. 그녀의 울분을 토한 메시지를 받았다. 바로바로 본인의 입장을 이야기할 수 있는 상황이 아니었기 때문에 오해가 더 커진 듯 보였다. 그 분노의 메시지를 받고 나도 너무 당황스러웠다. 억울했고, 화도 났다. 하지만 이 상황을 지금 바로 오해를 푸느냐, 나중에 푸느냐의 문제라고 생각했다. 키보드로 그녀에게 상황 정리를 하는 말과 함께 무엇이 오해였고, 내가 한 잘못에 대해서 사과하고 그녀의 입장도 이해한다는 메시지를 두드렸다. 그리고 그녀로부터 오해해서 미안하다는 메시지를 받았다.

오해는 생길 수 있다. 사람은 마음의 여유가 없다면 누구나 옥생각을 할 수 있다. 자기가 듣고 보았던 경험으로 판단하기 때문에 본인의 입장을 분명하게 말해야 한다. 그래서 서로가 오해였다는 사실을 모르고 한 행동은 이해할 수 있지만, 해명을 했는데도 자기만의 입장을 고수한다면 그것은 그 사람과의 관계에 선을 그어야 하는 신호이다.

그 오해를 푸는 시점도 중요하다. 누군가는 오해가 되어도 시간이 지나면 자연스럽게 풀어진다고 생각한다.

하지만 내 생각은 다르다. 마치 화장실 청소와 같다. 사람은 힘든 일은 빨리 잊어버리려고 하고, 그 힘든 감정에서 벗어나려고 한다. 시간이 지나면 왜 그랬는지에 대한 기억은 잊어버린 채 오해로 낳은 감정만 남아 있다. 유리 부스에 뒨 물방울이 시간과 결합하면 물때가 되듯, 사람의 감정도 시간과 결합하면 묵어진다. 묵어진 감정을 풀기 위해 우리는 수많은 에너지를 들여야 한다. 신뢰가 있는 관계에서 그 시점에 있는 상황으로 오해가 생긴 것이라면 끓어오르는 화와 분노는 접어두고, 나의 상황과 상대의 상황의 차이를 풀어내 보자.

너 T발 C야?

간단하게 사람 성격을 파악할 수 있는 MBTI라는 성격 유형 검사가 한동안 화제가 되었다. 요즘은 이상하게 나를 파악하고, 상대를 파악하기 위해 만들어진 이 검사의 결과로 편을 가르고 서로의 우월성을 주장한다. MBTI는 어떤 성격이 좋은지를 판단하는 것이 아닌 선호하는 방식의 차이를 보여주는 것이다. 이성적인 사람을 두고 "너 T발 C야?"라고 우습게 떠드는 말을 듣고 경악을 금치 못했다.(내가 T였기 때문에 더 민감하게 받아들여졌다.) 이 성격 유형 검사를 세로로 줄 세울 것이 아니라 가로로 보아야 한다.

선호한다고 해서 선호하는 그대로 행동한다고 말할 수도 없다. 검사결과를 맹신하지 말고, 생각과 행동으로 유형검사에 다가가야 한다. 내가 좋아하고, 싫어하고, 잘하고, 못하는 것을 모를 때 검사 유형의 결과로 '나'를 알아가는 데 도움을 받는 것이다. MBTI 검사의 네 가지 지표는 저마다의 사정과 경험에 따라 선호도가 달라진다. 그렇기에 경험의 영역이 좁으면 좁을수록 정확도는 더 떨어질 수 있고, 상황에 따라 결과가 다르게 나올 수 있다.

그냥 사람 그대로를 인정하고 받아들였으면 좋겠다. 사람 간의 안정을 느끼는 거리감과 감정에 매몰된 시간이 제각각 다르다. 이성적인 사람들은 감정이 없는 사람이 아니라 그 사람의 삶과 경험을 통해 감정에 머물러 있는 시간이 짧을 뿐이다. 성격이 외향적일수록 사람 간 느껴지는 거리가 짧을 뿐이다. 인정은 이성과 감성, 외향과 내향인 사람들의 거리와 시간 차이로 생기는 간극을 알아가는 데 도움을 준다.

내가 선호하는 건 나도 모르게 자연스럽게 행동한다. 그렇기에 오히려 나의 MBTI 검사 결과와 반대되는 행동을 하려고 해야 한다. 그래야 치우치지 않기 때문이다. T라서, F라서, E라서 I라서 잘못된 것이 아니라 어떤 지표든 치우친 것은 문제가 된다. 인간사는 나의 선호도에 따라 움직이지 않는다. 인간관계를 잘하고 싶은데 자신이 없다면 일단 극단적인 사람을 가까이하지 않는 것이 상책일 수 있다. 그들 앞에서는 완급조절이 힘들기 때문이다. 반대로 내가 극단적인 사람이라면 다른 사람을 인정하고 존중하면서 조금 유연해지는 노력을 해보는 건 어떨까.

인생은 단거리 경주의 연속이지만, 결국은 장거리다.

때론 산책도 하고, 전력질주해서 달리기도 하고,
차를 이용해 드라이브를 가도 좋다.
하지만 이 길을 끊임없이 가겠다는 장인정신은 필요하다.

6장

장인정신으로 만들어낸
내 안의 **광채**

omniscient
beauty

시련은 변형된 축복이었다. 끊임없이 오는 시련과 고통에 나는 부러지지 않기 위해 기꺼이 흔들리기로 했다. 그동안 장신정신으로 다듬고 다듬었던 나의 다이아몬드가 반짝인다. 그 반짝임을 통해 진정한 아름다움을 삶으로 말하는 사람이 되고 싶다.

1.
흔들릴 줄 알아야 부러지지 않는다

"모든 건물은 외력과 내력의 싸움이야. 바람, 하중, 진동, 있을
수 있는 모든 외력을 따져서 그거보다 세게 내력을 설계하는 거
야. 항상 외력보다 내력이 세게. 인생도 어떻게 보면 외력과 내
력의 싸움이라구. 무슨 일이 있어도 내력이 세면 버티는 거야."

– 드라마 〈나의 아저씨〉 중에서

애정 담아 일하던 첫 번째 숍을 내려놓았다. 아이를 위해, 그리고 우리
가정의 안정을 위해 내 손으로 가게를 접었다. 고객과 소통하며 이성과
감성의 차이를 배우고, 다양한 세계를 알려주는 배움의 터이자 감정과
갈등을 공유하던 나의 업이 사라지니 난임이라는 내 인생의 크나큰 태풍
으로부터 자존감이 무너지고 있었다. 나를 위하는 모든 호의와 일상적인
언어들이 비꼬이게 들리기 시작했다. 마음이 괜찮을 때는 아무렇지 않게
들리던 말들이 내 마음이 버거워지니까 자꾸만 나를 압박해 왔다.

일을 쉬면서 시간이 많아진 탓에 휴대폰과 한 몸이 되었다. SNS 속 나의 취향을 엮어 만들어낸 인공지능 알고리즘의 편의는 나를 자극하고 유혹한다. 하지만 재미있는 것만 보고, 재미가 없으면 보지 않은 자율성이 시간이 지날수록 긍정보다는 부정적으로 와 닿았다. 내가 관심 있는 분야의 검색 기록을 바탕으로 관련된 정보를 계속 노출 받다 보면 그것이 옳다고 판단하게 된다. 그 편향된 생각은 시야를 좁게 만들고, 마음의 그릇을 작게 만든다. 일을 그만두고는 좁혀진 생각과 시야에 갇혀 무너진 자존감이 나의 일상 영역까지 침범했다.

이유 없이 눈물 흘린 날이 많았다. 우울한 일도, 우울할 일도 없는데 말이다. 눈물의 의미를 알고 싶었다. 나도 모르는 내 무의식이, 눈물이라는 수단으로 나에게 무엇을 말하고 싶은지가 궁금했다. 나의 자존감 회복을 위해 예상보다 빠르게 일에 복귀했다. 일에 복귀해도 쉽게 마음이 나아지지 않았다. 조용히 '내 마음 파악하기' 프로젝트를 시작했다. 그리고 스마트폰 세상 속에 물들어 옹졸해진 생각에 나를 대입시키고 있었던 걸 알게 되었다. 복귀해서 만난 고객과 대화한 후 바로 스마트폰과 거리를 두었다.

나의 모든 일상에 집중하기.

내가 눈물 흘리는 포인트에 집중하기.

내 일상을 객관화시켜보기.

어쩌면 알고리즘은 세뇌의 일부라고 생각한다. 우리 삶 곳곳에서는 세뇌라는 것이 나도 모르는 사이 무섭게 침투한다. 사람은 시각에 약하다. 매 순간 놓지 않는 스마트폰의 세계는 우리의 뇌를 야금야금 갉아먹는다. 빠르고 자극적인 것에 심취하게 되고, 우리의 생각을 알고리즘에 지배받으며 다양성을 부정한다. 그렇게 우리의 의지와 이성의 힘이 점점 약해져 간다. 그렇게 약해진 이성 앞에 다른 사람들과 나의 다름을 또 다시 부정하며 객관적으로 나를 바라보지 못하게 했다.

'내 마음 파악하기' 프로젝트의 성과가 보이기 시작했다. 희미해져 가던 나의 의지와 이성으로 시련을 마주했다. 고객들과 대화하면서 나는 다시 활기를 찾았고, 일을 쉬는 동안 태풍이 휘몰아간 내 마음을 정리하기 시작했다. 상황이 바뀌면 성격도, 관계도 흔들렸다. 나에게 일은 단순히 돈을 버는 수단이 아니었다. 나의 세상을 지키는 곳이기도 했고, 나의 세상과 다른 사람의 세상을 이어주는 연결고리이기도 했다. 무엇보다 흔들릴 수는 있어도 부러지지 않을 내 마음의 안식처였다.

2.
시련은 결과이기도 하지만 원인이 되기도 한다

"모든 일은 마음먹기 탓, 굳게 닫힌 마음에서 활짝 열린 마음으로 전환하지 않는 한, 새로운 눈은 열리지 않는다."

– 법정스님

'내 마음 파악하기' 프로젝트 이후 나의 일상은 많은 게 바뀌었다. 떨어진 자존감을 회복하기 위해 좋아하고 잘하는 것에 집중하는 시간을 가졌다. 러닝을 했고, 등산하러 다녔다. 좋아하는 옷을 샀다. 그 옷을 예쁘게 입으려고 또 운동했다. 독서 모임에도 참가했다. 내 마음을 어지럽히는 SNS의 이용을 줄여갔고, 그 공백을 책으로 메웠다. 독서 모임에서 책을 써보라는 권유를 받아 고민 끝에 나는 틈이 날 때마다 세상에 발간될 나의 책을 써 내려갔다. 지난날을 돌이켜보았고, 내가 중요하게 생각하는 가치관들을 엮어보았다. 어린 시절부터 지금까지 삶의 주된 에피소드를 곱씹으며, 상황마다 느꼈든 갈등 속에서 느꼈든 감정을 맥락적으로 이해해 보았다. 일을 그만둔 지난 1년은 나에게 지옥으로 갈 뻔한 여정이었다면, 다시 복귀한 해는 천국으로 안내하는 재미난 여정이었다.

며칠 전 3년 만에 방문하신 고객으로부터 얼굴이 좋아졌다는 말을 들었다. 1년간의 여정 속 결과물이 얼굴에 드러나고, 목소리에서 드러나는 것 같았다. 내면의 차분함에서 오는 밝음은 생각보다 긍정적인 영향을 미쳤다. 서로의 칭찬이 오가고 그녀는 나에게 조심스레 물었다.

"선생님, 임산부들이 정말 많이 다녀가던데, 마음 괜찮으세요?"

아무래도 오랫동안 난임인 걸 아셨던 그분은 혹시나 다른 임산부를 보는 내 마음을 걱정하여 질문하신 듯했다. "네? 제 마음이 왜요?" 쿨한 나의 답변에 그녀는 조금 놀라는 듯 보였다. 짧은 답변 뒤에 그간에 혼란의 열탕과 냉탕을 오갔던 여정의 이야기로 관리실의 공기와 시간을 채웠다.

결혼 6년 차가 되었다는 압박과 아이를 가지고 싶은 간절함에 조급해졌다. 조급함이 나를 또 다그쳤다. 사실 임신을 준비하는 동안 덤덤한 척했어도 중간에 아이가 생기면 포기하게 될 것들이 무서워서 하고 싶은 어떤 것들을 시작도 하지 않았다. 시작하지 않은 것들이 또 후회되며 허송세월로 지난 시간이 아까워 나를 자책했다. 후회는 그간 떨어진 자존감에 기름이 되어 내 마음속에 불을 지핀다. 답답한 마음에 철학관을 다녀왔다. 한결 마음이 편해졌다. 그분의 말이 진실인지 아닌지 알 수는 없지만 적당한 시기에 아이는 온다는 그 말이 그냥 믿고 싶어졌다.

나는 원인 없는 결과는 없다고 믿는 편이다. 열심히 잘 살아왔다고 한 내 인생의 결과가 '난임'이라고 하니 더욱 슬펐던 것 같다. 물론 시련은 늘 힘들고 고통스럽지만 시간이 지나고 돌이켜보면 그 시기가 적당하고 필요했다는 사실을 나중에야 알게 된다.(나는 이 시련과 고통을 긍정 고통이라 부르기도 한다.) 이제는 긍정 고통이 나에게 준 의미를 알았다. '난임'이 원인이 되어 나에게 새로운 결과를 가져와 줄 것이라는 것을.

하고 싶었던 것들을 이제는 하나씩 해나가는 중이다. 아이 문제는 내가 관여할 수 없는 신의 영역이다. 내가 생각한 인생 계획이 맘처럼 풀리지 않으니 답답했을 뿐이다. 내가 관여할 수 있는 영역은 나에게 주어진 시간을 후회 없이 보내는 일이다. 얼마 전 남편과 둘이 여행을 다녀왔다. 나는 일상의 균형이 깨지는 게 싫어서 여행을 좋아하지 않는 편이었다. 막상 가면 잘 놀고 와서는 여행 후 느껴지는 허함이 싫었다. 하지만 이번 여행은 내면 깊은 무의식까지 만족스러웠던 것 같다. 갔다 와서도 너무 행복했다. 여행의 참 의미를 이제야 느끼게 되었다. 다른 고객들의 여행 후기가 그제야 머릿속을 스쳐 지나갔다.

새로운 것을 접하면서 느끼는 모든 감정의 끝은 감사이다. 아이가 생기지 않은 나의 상황은 다르게 생각하면 제대로 느껴보지 못한 것들을 충분히 느껴보라는 기회일지도 모른다는 생각이 들었다. 생각의 방향을 한 끗만 틀었더니 내 삶이 더욱 감사하고 행복해졌다. 모든 일이 '마음먹기 나름'이라는 말은 이런 나를 두고 하는 말이었다. 엄마가 내 딸로 오길 바라는 마음에 빌어본 적이 있었다. "좋은 엄마가 되어 줄게."라는 다짐의 응답을 나에게 난임이라는 시련으로 알려주려고 했나 보다. 좋은 엄마의 자격은 마음의 여유를 가지는 것이라고.

"자식은 내 마음처럼 되지 않는다"는 말이 있다. 내 마음처럼 흘러가지 않는 인생에 더 넓은 마음의 그릇이 필요하다는 걸 또 한 번 깨달았다. 내가 할 수 없는 상황에 목매지 말고, 그런 상황에도 내가 할 수 있는 것에 고민하고 집중하라는 인생의 교훈을 난 시련이 준 선물을 통해 배운다. 내가 난임이었기에 마음의 자식이 되는 이 책을 적어나갈 수 있었다는 사실이 더욱 감사하게 다가왔다.

3.
흔들리지 않는 편안함이라 쓰고 신념이라 읽다

"돈이나 우승 타이틀보다 더 중요한 것은 자신이 정한 원칙이다."

– 무하마드 알리

코털 왁싱은 해드리지 않아요

털의 기능은 체온을 유지하고, 피부를 보호하기 위함이다. 수많은 기록을 통해 인류가 출현할 때를 상상해보면 최초의 인간은 벌거벗은 상태였다. 그때의 털은 제 기능을 하고 있었다. 하지만 기술의 발전은 털의 역할을 대신하는 속옷과 옷을 개발하여 대체품을 만들었다. 털이 이제는 우리에게 불필요해진 존재가 된 것이다. 그래서 사람들은 제모하기 시작했다. 왁싱이라는 제모기법으로 모든 털을 제거할 수 있지만, 왁서인 내가 유일하게 제거해 주지 않는 부위가 있다. 그곳은 코털이다.

코털의 기능을 대체할 수 있는 것이 없다. 아니 더 정확하게 말하면 마스크라는 대체품이 있지만 우리는 그걸 매일, 매 순간 사용할 수가 없다. 사람이 숨을 들이쉴 때는 코를 이용한다. 그리고 공기 중 눈에 보이지 않는 미세한 먼지를 코털이 보호해 준다. 코털은 콧속으로 흡입된 이물질을 여과하는 역할을 하기에 호흡하는 과정에서 꼭 필요하다. 우리 몸에 내장된 공기청정기 코털을 제거해서는 안 된다. 삐져나와 보기 싫은 코털이 있다면 코털 전용 가위로 긴 부위를 잘라내기만 하면 된다.

우리가 살아가는 데 있어도 역시나 마찬가지다. 의사가 같은 증상을 보고도 다른 병명을 정확히 진단해야 하듯 우리 생활에 일어나는 현상만 가지고 판단해서는 안 된다. 대학 시절 수많은 책에서 말하는 '현상을 보지 말고, 본질을 보라'는 의미가 왁싱에서도 적용되는 것 같다.

같은 털이라도 그 역할과 의미에 따라 다르게 접근해야 한다. 왁서는 털을 제거해 주는 사람이지만, 나는 털을 왜 제거해야 하는지 자문자답한다. 고객이 기꺼이 비용을 내며 왁싱을 받는 데는 정당한 이유와 의미가 있어야 한다고 생각하기 때문이다. 조금 전에도 코털 왁싱을 문의하는 전화 한 통이 왔다. "다른 곳은 해주던데 왜 여기는 안 하나요?"라는 질문에도 나는 코털의 중요성에 대해 차근차근 설명하고 전화를 끊었다.

예약금을 받지 않는 이유

아무래도 미용업을 운영하는 대부분 원장님이 그렇든 나도 100% 예약제로 왁싱 숍을 운영하고 있다. 고객은 원하는 날짜와 시간을 미리 생각하여 예약하고, 그 시간에 맞춰 숍에 방문한다. 그럼 나는 그분의 관리시간만큼 일정을 비워두고, 다음 예약 시간을 조정해 놓는다. 예약제는시간 효율을 위해 암묵적으로 조절하는 시스템이다. 물론 이 시스템도시간이 딱딱 맞춰지는 상황이면 너무 완벽하지만, 사람들이 살아가면서변수는 늘 있기 마련이다.

노쇼(No-show)나 잦은 예약 변경에 따라 매출이 달라질 수 있기도 하고, 기분이 상하는 일도 있어서 많은 미용업에 종사하는 사람들은 예약금이라는 제도를 두고 있다. 다른 미용업계에 일하시는 고객이 방문하셨다. 관리 도중에 그분이 나에게 "원장님은 왜 예약금을 받지 않으세요?"물어왔다.

"상대의 미안함을 돈으로 보상받고 싶지 않아요."

나에게는 예약금을 받지 않는 운영 철학이 있다. 사람 사는 일에는 언제나 변수가 있다는 사실을 염두에 둔다. 나 또한 사정이 생겨서 예약 상황을 변경할 수 있는 것인데, 그것에 대해 보상을 해주지 않는다. 서로 간의 신뢰를 쌓는다고 생각한다. 예약을 변경하는 데 있어 사람들은 충분히 미안한 감정을 느끼는데 예약금이라는 제도는 미안해할 필요성을 느끼지 못하게 하는 것 같다.

예약 부도나 잦은 예약 변경으로 인한 당장 공백은 나에게 손해를 주는 것 같지만, 고객의 사정을 이해해주면 서로가 약속 시간에 대한 의무감을 가진다. 몇몇 사람들이 예약하고 말도 없이 방문하지 않으면 나도 사람인지라 화가 나긴 한다. 나의 소중한 시간에 대한 배려를 받지 못한 탓에 기분이 상하기도 하고, 그 시간에 다른 분의 관리를 놓칠 수도 있어서 여러모로 예약금을 두는 이유를 충분히 이해한다. 약속을 잡고 못 올 수 있다는 상황은 이해는 하지만, 그게 연락 없이 오지 않을 정도로 당연하게 누릴 권리는 아니라고 생각하기 때문이다.

사람과 사람 간에 제일 중요한 것은 예의이고 배려이다. 그런 것들이 돈과 결속하여 사라지는 것이 개인적으로 너무 안타깝다. 사람마다 어느 가치에 중점을 두느냐에 따라 그 제도에 타당성 여부는 달라질 수 있다. 그 제도를 두고 운영하시는 다른 분들의 마음도 충분히 존중한다. 나의 신념을 여전히 지킬 수 있는 이유도 예약금을 받아야 할 만큼의 무례함을 보여주는 고객이 없었기 때문이고, 설사 있었다 하더라고 소수의

고객 때문에 다수의 고객이 불편을 느끼지 않아야 한다는 개인적인 나의

믿음도 한몫했기 때문이다.

4.
기분이 태도가 되지 않은 날

"우리의 세대의 가장 위대한 발견은 인간이 태도를 바꿈으로써
자신의 삶을 바꿀 수 있다는 것이다."

— 윌리엄 제임스

어느 날처럼 아침에 출근하려고 나왔다. 내 차 앞으로 이중주차가 되어 있었다. 나름 그분도 벽면에 붙여서 주차하신 것 같았는데 하필 내 좌측에 주차된 차가 조금 앞으로 튀어 나오게 차를 대어서 도저히 빠져나올 수 없는 상황이었다. 먼저 이중주차한 차주분에게 전화를 걸었다. 통화 연결음만 들리고는 상대가 전화를 받지 않았다. 몇 번의 시도에도 상대는 전화를 받지 않았다. 날씨가 습하고 더운 탓에 짜증이 확 밀려왔다. 어쩔 수 없이 주차선에 제대로 주차하신 분에게 전화를 드렸지만 연결되지 않았다.

첫 타임에 예약되어 있는 분이 평소에 예약 시간보다 조금 일찍 방문하시는 분이라 마음이 조급해져 택시를 탔다. 다행히도 바로 택시가 잡혔고, 앉자마자 이중주차한 차주분에게 문자를 보냈다.

이중주차를 하시고, 전화를 안 받으시면 어떡해요…. 결국 택시 타고 출근합니다….

유난히 그날 방문하실 고객들이 많았다. 이 기분으로 출근하고 싶지 않아서 택시를 타고 가는 동안 계속 감정을 추스렸다.

'오늘 바쁜 날인데! 이 기분으로 출근하지 말자.' 눈을 감고 혼잣말로 주문을 걸었다.

곧이어 숍에 도착했고, 서둘러 고객 맞을 준비를 했다. 청소하고 매장 정리를 다 했는데도 시간이 10분 정도 여유롭게 남았고, 늘 일찍 오시던 고객도 도착하지 않으셨다. 커피 한잔을 내려서 마시고 있는데 그 차주분으로부터 전화가 왔다.

"죄송해요…. 저 때문에 아침부터 기분 안 좋으셨겠어요."

전화 받자마자 수화기 너머로 들려오는 그녀의 첫마디가 나를 차분하게 만들었다.

"다음부터는 이중으로 주차하게 되시면 꼭 전화는 받아주세요!"
"그리고 출근 잘했고 전 괜찮으니 너무 맘 쓰지 마시고, 오늘 하루도 파이팅하세요!"

상대분도 본인의 상황을 설명하면서 계속 죄송하다는 말을 반복했고, 마지막에는 "감사합니다. 오늘도 파이팅하세요!"로 마무리하며 통화가 끊어졌다. 통화가 끝나자마자 기분이 좋아졌다. 뭔가 스스로가 대견하기도 했고, 상대 차주의 반응에도 감사했다. 그렇게 얼마 지나지 않아 첫 타임 고객이 방문하셨고, 평소보다 더 하이 톤이 되어 고객을 맞이했다.

이날 오시는 분마다 기분 좋은 일이 있냐며 물으셨다. 아침에 있었던 일을 이야기해 드렸더니 다들 대단하다는 반응이었다. 이 일을 전하면 전할수록 더 기분이 좋아졌다. 만약 택시가 바로 잡히지 않았더라면, 차주분이 미안하다는 말도 없이 되레 당당하게 나왔더라면 어땠을까. 고객들과 이야기를 하면서 생각하니 그렇게 운이 나쁘지만은 않았다. 웃음은 전염된다고 했던가. 방 안에서 들리는 내 웃음에 고객들에게서도 웃음꽃이 활짝 핀 미소를 보게 되었다.

어느 때보다 기분이 좋아진 상태로 퇴근하려는데 갑자기 비가 엄청나게 쏟아졌다. 호우주의보라는 재난 문자음이 계속 울렸고, 앞이 보이지 않을 정도로 비가 세차게 내렸다. 남편이 퇴근하면서 나를 데리러 왔다. 남편이 "그렇지 않아도 밤 운전 힘든데, 내가 데리러 와서 좋지? 이런 날씨에 운전하면 힘들었겠다." 이러는데 순간 온몸에 소름이 돋았다. 불현듯 아침에 있었던 주차 전쟁이 생각났다. 그 덕에 내가 운전할 필요가 없어졌다. 남편이 이 궂은 날씨에 나를 태워준 것이 더욱 고마워졌다. 언짢고 화나는 기분을 조절한 대가가 생각보다 너무 만족스러웠다.

감정에 지배되어 결과가 좋지 않았던 경험을 할 때면 늘 후회했다. "난 왜 그랬을까?", "굳이 왜 그런 말은 했을까?" 숱하게 자책하며 지나온 시간을 부정하고 싶었던 적이 한두 번이 아니었다. 매번 이런 감정을 조절하려고 부단히 노력했지만, 쉽지만은 않았다. 두 눈을 감고 심호흡하며 화나고, 짜증나고, 분했던 감정을 억눌렀다. 그래도 분이 풀리지 않으면 메모장에 분한 감정을 수두룩하게 적어보기도 했다. 그렇게 가라앉혀낸 감정을 뒤로하고 상황을 돌이켜보며 정리했던 노력이 드디어 빛을 본 날이 왔다. 이날만큼은 그동안의 감정 조절 연습에 대한 꽤 큰 성과였다. 또 감정에 무너지는 일이 있을 수 있겠지만, 이날의 기억을 생각하며 좋게 풀어나가겠다고 다짐했다.

5.
꾸준한 건강관리는 10년 후에 빛을 발한다

"모든 행복의 기본은 건강이다."

— 레이 헌트

20대 초부터 와서 일을 시작하면서 고객들에게 자주 듣던 말이 있었다.

"몸이 예전 같지 않아요."

"20대 때는 그러지 않는데 나이 드니 체력이 많이 떨어져요."

"동이 틀 때까지 술을 마셔도 멀쩡했는데 이제는 잠이 와서 술을 못 마시겠어요."

한결같이 체력 관리를 해둬야 한다는 말을 꾸준히 들어왔다. 20대 혈기 왕성한 시기였기에 이해하지 못할 법했지만, 이른 나이에 돌아가신 엄마를 생각하면 건강할 때 관리에 신경 써야 한다는 말에는 늘 공감했다.

일하는 주 6일은 10시에 출근하면 20시에 퇴근하고, 11시에 출근하면 21시에 퇴근하는 스케줄이었다. 날씨에 따라 출근길이든 퇴근길이든 40분 거리에 집을 걸어서 움직였다. 그때의 나는 운동에 들일 돈이 없었기 때문에 돈을 들이지 않고도 할 수 있는 운동이라고 생각했다. 날씨가 궂으면 집에서 동영상을 보며 홈 트레이닝으로 하루 운동량을 채웠다.

예쁜 옷을 입고 오는 고객들을 보면 자극받았고, 운동하는 분들의 자신감 있는 모습에도 늘 자극받았다. 몸이 무거워도 최소 하루 30분이라도 운동할 수밖에 없었다. 자극받아서 시작된 체력 관리가 지금은 빠질 수 없는 나의 일과가 되었고, 며칠 운동을 하지 않더라도 빠르게 다시 시작하는 탄력성이 길러졌다. 체력 관리는 곧 건강관리임을 생각하며 몸을 꾸준하게 움직였다.

최근 나보다 한참 어린 고객으로부터 "정신이 건강한 분을 정말 오랜만에 만나요. 비결이 있을까요?"라는 말을 들었다. 이런 표현 자체가 어색하기는 했지만, 굉장히 듣기 좋은 말이었다.

'건강'의 사전적 의미는 정신적으로나 육체적으로나 아무 탈이 없고, 튼튼함. 또는 그런 상태를 말한다. 질병이 없거나, 허약하지 않은 체질을 말하는 것뿐 아니라 정신적으로도 안정적인 상태, 몸과 마음 모두가 안

녕한 상태이다.

그녀의 말은 지난 나의 체력 관리를 위한 노력이 아닌 정신 건강을 위해 내가 무엇을 했는지 생각해 보게 했다.

우리는 어린 시절부터 쌓은 직·간접 경험이 생각의 방향을 잡고 그 속에 감정을 녹여 살아온다. 어린 시절 어떤 경험을 겪느냐에 따라 형성된 고정관념이나 편견이 그 사람의 일생을 좌우하기도 한다. 본인의 의지와 상관없이 부정적인 상황에 노출되기도 하지만, 나의 의지와 노력으로 그러한 부정적인 상황에서 벗어날 수도 있다. 제일 중요한 것은 '나의 의지'이다. 의지를 굳건하게 하기 위해서는 '나'라는 사람을 알아야 한다. 나는 대학 생활, 책을 통해 나를 알아갔다.

왁서 일을 접하고서는 눈으로 보는 책이 아닌 사람들의 이야기를 귀로 들으며 더 나은 삶을 살기 위해 고민해왔다. 선입견과 편견에서 벗어나기 위해 다른 삶을 존중했고, 배려하는 모습을 닮아갔다. 이제 와서 생각해 보니 이 반복된 연습이 지난 10년간의 나의 정신 건강에 도움이 되었다. 내가 원했든 원하지 않았든 나에게 닥친 시련과 고통을 합리화하며 부정하기보다는 있는 그대로 받아들이는 연습을 줄곧 해왔다. 안 좋은 감정이 머릿속에 가득할 때는 걸어 다니면서 감정을 조절했고, 머릿속은

"왜?"라는 질문을 스스로에게 던지며 이성적으로 상황을 객관화시켰다.

10년 전부터 눈에 보이지 않는 가치를 실현하기 위해 눈에 보이는 것들과 싸우며 육각형의 삶을 이루려고 노력했다. 어느 한 곳에도 치우치지 않으려는 나의 노력으로 다른 사람으로부터 '건강하다'는 말을 듣게 되었다. 내 삶의 만족도가 다른 사람에게도 느껴진다고 생각하니 가슴 어딘가가 찌릿하다. 10년이 정말 빠르게 지나갔다. 다음 10년을 위해 나는 또 부지런하게 건강해지는 법을 배우고 행해야겠다.

몸이 건강해야 마음 건강도 챙길 수 있다. 매일 30분, 당신도 신발만 신으면 가능하다.

6.
인생을 큐레이팅하다

　오전에 다리 왁싱을 받으러 오신 남자 고객이 있었다. 관리 시간이 길어서 우리들의 수다 내용은 풍부해졌다. 그는 평소에 미술관 다니는 걸 좋아하고, 꽃을 좋아한다고 했다. 취미가 특별해 보여서 좋아하는 이유에 대해서 여쭤보았다. 미술관에 전시된 작품을 가만히 보고 있으면 생각이 많아진다고 했다. 처음에는 작품을 볼 줄 몰라 그냥 "그림 잘 그리네." 정도로 감상하며 고독한 시간을 즐겼다고 했다.

　"인상 깊은 전시회가 있으세요?" 내가 물었다.

　"서울에서 열린 이건희 컬렉션 특별전이요. 그날은 이중섭 작가 전시를 보고 왔는데 그날 이후로 전시회에 푹 빠졌어요."

"학생 때 배웠던 '소' 그림의 그 이중섭 작가요?"

"네! 그 사람 맞아요. '소' 그림 말고도 엄청 많은 그림을 그렸어요. 그날의 전시는 이중섭이 살아생전에 그린 작품뿐만 아니라 출생과 그림을 그리는 당시의 상황을 알려주는 정경과 함께 일대기 형식으로 기획되어 있었어요. 그림만 보았을 때는 난해하고 이해하기에 어려웠던 것이 작가의 배경을 알고 나니 작품마다 작가의 의도를 찾게 되더라고요. 진짜 재미있었어요."

그는 이중섭 작가의 그림에 유난히 아이들 그림이 많은 이유를 알려주었다. 그에게는 세 명의 아들이 있었다. 첫째 아들은 병으로 죽고, 한국전쟁의 발발로 피란 중 생활고가 심해지자, 아내와 남은 두 아들을 아내의 고향인 일본으로 떠나보내게 됐다고 한다. 재회를 생각하며 일본으로 갈 돈을 벌기 위해 열심히 그림을 그렸지만, 그는 끝내 가족을 만나지 못하고 생을 마감했다고 한다. 전시를 통해 가족에 대한 사랑이 남달랐던 이중섭과 그림 속에서 사무치게 아이들을 그리워했던 마음을 느꼈다고 했다.

전시를 통해 작가들의 삶과 감정에 이입하여 상상하고, 생각을 정리하는 시간이 좋다는 그의 이야기 흐름의 구조가 묘하게 나와 비슷했다. 나도 고객들과 대화를 통해 상황만 놓였을 때는 알지 못했던 감정을 저마다의 배경을 들으며 그들의 삶과 감정을 이해하고, 공감할 수 있었다. 상황별 했던 말과 행동의 의도를 알아가는 경청의 재미를 느꼈다.

오늘 오신 고객도 전시를 보고 작가들의 삶을 공감했고, 이해했으며 그렇게 배운 감성을 자기 일상에 접목하여 세상이라는 꽃을 아름답게 보는 눈을 키우게 된 것이 아니었을까. 저마다의 색이 예뻐서 꽃을 좋아한다는 말이 사람마다 풍기는 향과 삶이 너무 소중하고 아름답다는 말로 들렸다. 사람을 좋아하는 것도, 고독의 시간을 즐기는 것도, 심지어 자기만의 균형의 비율을 알고 지키는 것마저 우린 닮아 있었다.

고객이 가시고 그분의 이야기를 책에 담고 싶었다. 전시에 대한 지식이 없었던 나는 전시회를 자주 다니는 친구에게 전화를 걸었다. 전화기 속 그녀는 전시회에 관한 몇 가지 단어를 나에게 설명해 주었다. 주제를 선정해서 그에 걸맞은 작품과 다양한 장치를 모아 구성하여 전시를 기획하는 것을 큐레이팅이라고 한단다. 오늘의 일화를 들은 그녀가 스티브 잡스가 스탠퍼드 대학교 졸업 축하 연설에서 이야기했다는 '커넥팅 더 닷'의 스토리를 알려주었다. '커넥팅 더 닷'이란, 순간순간의 경험이 하나의 점으로 만들어져 시간이 흐른 뒤 점과 점이 연결되며 자신이 가고자 하는 방향이 무엇인지 선명하게 그릴 수 있었다는 의미의 단어를 스토리텔링 한 것이다.

수많은 경험을 나의 경험과 연결 지어 인생 전반의 맥락과 흐름을 파악하여 적어낸 글은 하나의 점이며, 그 점을 연결하여 만들어진 선은 책이 되었다. 나는 내 글의 주인이자 내 인생의 경험을 큐레이팅하여 '책'을 기획하고 있었다. 이 책은 스티브 잡스가 말한 것처럼 곧 나의 미래까지 이어주는 가치관이자 막연한 미래의 불안을 잠재워 줄 청사진이 되지 않을까. 이 책의 작가이자 큐레이터는 나이고, 영감은 나를 스쳐지나간 모든 인연이며, 이번 작품의 도슨트는 독자라고 생각하니 입가에 흐뭇한 미소가 번진다.

7.
진정한 아름다움에 대해서

"너 자신을 누군가에게 필요한 존재로 만들어라."

– 랄프 왈도 에머슨

내가 10년 동안 많은 사람과 대화하면서 느낀 진실이 있다. 세상에는
다양한 사람이 있고, 다양한 경험이 있으며, 저마다의 세상이 존재한다.
그 세상의 중심은 자기 자신의 확신이어야 하며, 누군가에게는 별일이
아닌 일이라도 당사자는 죽을 만큼 힘들 수 있고, 반대로 자랑하고 싶을
만큼의 성취를 느끼는 일일 수도 있다. 모든 사람은 어떤 경험으로부터
상처와 아픔이 있다. 사람마다의 세상은 전체의 일부분이고, 그 일부분
이 전부라고 착각할 수 있다. 내가 아닌 다른 사람의 삶을 이해하고 공감
함으로써 우리는 조각의 일부를 확장해 간다.

　내 세상의 중심 역시도 나였다. 내가 타고난 기질을 MBTI로 표현하자

면 나는 ESTJ, 꼰대 중의 꼰대였다. 다른 사람들의 삶을 내가 경험했던 것으로부터 판단하고 단정 지었다. 그래서 주변 사람들의 아픔을 나의 아픔과 비교하여 별것 아닌 것으로 치부하기도 했고, 얼른 이겨내라며 채찍질도 했다. 그들의 사정과 이유보다 고난을 이겨내지 못하는 의지를 탓했다. 경청하는 법을 몰랐으며 '배려'라는 것이 사람의 마음을 녹이는 강력한 무기라는 것도 예전에는 알지 못했다. '위로'도 그저 나약한 사람들의 비겁한 변명, 자기합리화, 핑계일 것이라고만 생각했다.

나의 세상과 다른 사람의 세상을 이어주는 것이 감성이라는 것을 수많은 사람과 대화하면서 알게 되었다. 서로의 다름을 인정하지 못해서 쯧쯧 하던 나의 모습은 사라졌고, 지금은 감성을 배운 이성주의자가 남아 있다. 나의 인생에 '감성'이라는 조미료를 몇 스푼 넣었더니 삶이 굉장히 풍요로워졌고 따뜻해졌다.

이러한 나의 성장이 곧 사람과의 관계에서 비롯되었음을 확신한다. 우리는 인간관계로부터 자유로울 수 없다. 태어나면서 부모와 자식 간의 관계, 형제자매와 같은 가족이 형성되어 있고, 학교나 직장과 같이 사회생활을 하면서 맺게 되는 관계를 피할 수도 없다. 누구나 타고난 기질은 있지만, 주변 사람들의 말을 통해 성격이 변하기도 한다. 그래서 우리가 주변을 어떤 사람으로 두느냐가 중요할 수밖에 없다. 긍정적인 말을 하는 사람이 많으면, 긍정적인 삶으로 이끌 수 있게 되고, 부정적인 말을 많이 하게 되면 부정적인 삶의 방향으로 나아갈 수밖에 없다. 나의 중심을 잡지 않은 채 맺은 관계에서는 마음의 상처를 받고, 그 상처가 아물기도 전에 스스로를 고립시키기도 한다.

주변 사람들이 나를 인정해 주지 않을 때 낯선 고객으로부터 위로 받고, 인정받아 나를 고립시키지 않고 펼칠 수 있었다. 그래서 일하는 매 순간이 즐거웠고, 고객들과 대화하면서 배우는 새로운 세상의 이야기가 흥미로웠다. 그들과의 오랜 대화를 통해 여러 세상의 조각들로 내 세상을 확장할 수 있었으며 그동안의 내가 얼마나 오만했는지를 알 수 있었다. 내가 겪은 수많은 시련과 고난에서 마주한 갈등에서도 대화로 조각조각 모아온 데이터를 통해 나의 감정을 인식하고 인정하며 풀어나갔다. 다른 사람들의 감정도 마찬가지로 이해할 수 있게 되었다. 각각의 감정의 의미와 그것이 생산되는 맥락을 잘 알고, 감정을 조절하며 적절하게 표현하는 법을 이제는 어떻게 공유할 수 있을지 고민하게 된다.

우연히 본 동영상에서 '아름다움'이라는 참 의미를 알게 되었다. 조선 세종 때 쓰인 『석보상절』에서 아름다움의 '아름'은 '나'를 의미한다고 한다. 아름다움을 바꾸어 말하면 '나다움'을 의미하며 내가 나다울 때, 내 마음에 들 때, 내 생각과 가치관에 부합하거나 일치할 때를 아름답다고 말했다고 한다.

　아름다움의, 아름다움에 의한, 아름다움을 위한 삶으로 살아가고 싶다. 내 일은 고객들을 외형적으로 더욱 그들과 어울리게 만들어 줄 수 있다. 또한 개인적인 공간에서 이루어지는 대화로 그들의 내면 감정도 알아주고, 그들의 변화를 칭찬해 줄 수 있다는 것도 내 업의 가장 큰 장점이다. 내면의 나다움을 알아주는 사람, 외면의 나다움으로 꾸며주는 사람, 평범한 사람들의 장점을 부각해 주어 그들을 더 빛낼 수 있는 사람이 되고 싶다는 소망이 생겼다.

　'왁싱 하러 왔다가 힐링 하고 간다'는 한 고객의 리뷰처럼 대화 속에서 그들 본연의 아름다움을 느낄 수 있도록, 나아가 그 아름다움을 통해 편안함을 느낄 수 있도록 이제는 받은 것 이상으로 보답하고 싶다. 나의 쓰임이 어지러운 세상 속에서도 힘든 상황을 극복하고, 상처 입은 관계를 더 튼튼하게 회복할 수 있기를 바라며, 나의 작은 날갯짓이 나비효과로 확장되기를 진심으로 바란다.

아름다움은 정형화되지 않습니다.

자신만의 색과 자신만의 템포에 맞게 다듬어지시면 됩니다.

과거의 어떤 날보다 나아질 준비 되셨을까요?

변화하고 싶은 내면의 아름다움을 품으셨나요?

변화하는 당신의 모습이 정말 아름답습니다.

7장

평범한 사람들의
희소하고 특별한 보석

omniscient
beauty

아름다움은 우리 삶에서 여러 가지 형태로 반짝인다. 평범한 일상에서 느낀 감정을 고객들과 소통하다 보면 가슴속 작은 응어리들이 풀리곤 한다. 인간적인 모습이 어떤 건지 생각하고, 실천하며 노력하는 일련의 과정을 통해 '사람 사는 게 다 똑같다.'라는 진실에 맞닿는다. 우리 일상의 곳곳에서 저마다의 형태로 나타나는 아름다움의 보물찾기를 시작한다. 그 보석 같은 인간미는 복잡하고, 빠르게 돌아가는 세상 변화에서 고군분투 중인 마음을 위로해 준다.

1.
엄마이자, 딸이며, 아내이자,
여자인 당신에게

"모든 것이 저만의 아름다움을 지니고 있으나 모든 이가 그것
을 볼 수는 없다."

– 공자

단골손님이 방문했다. 그녀가 방문한 지 10개월이나 훌쩍 지났기에 더
욱더 반가웠다. 그녀는 평소에 피부관리, 왁싱, 네일케어를 받으며 스트
레스를 풀었다. 하지만 스트레스를 풀 시간마저 없을 정도로 바쁘게 보냈
다고 했다. 성향과 상황이 다른 두 아이를 키우는 엄마로서, 어른들 비위
를 맞춰야 하는 회사의 한 일원으로서, 그리고 친정아버지의 병환까지 겹
쳐 딸의 역할을 소화하느라 원형 탈모가 생길 정도로 힘들었다고 했다.

그녀에게는 고등학생과 중학생 자녀가 있다. 그녀는 손이 많이 가지

않을 거라며 장성한 아이들로 주변 사람들의 부러움을 사기도 했지만, 정신적 성장이 한창인 아이들의 정신력 관리도 엄마의 몫이라며 많이 힘들어했다. 알아서 잘 크는 첫째와는 달리 조마조마한 둘째의 행동에 노심초사했다. 일탈하는 둘째 아이의 마음을 헤아리기가 어렵다고 했다. 자식을 위해서 한 말이 자녀로서는 다르게 받아들일 수 있다는 점을 인정하는 데까지 오래 걸렸다. 엄마의 자질에 대해 깊은 고민에 빠졌다는 고객은 엄마가 처음이라 모든 게 서툴고 버거워 보였다.

갑작스러운 아버지 병환 앞에서 허둥지둥한 친정 식구 행동에 마음이 상하다가도, 다른 식구들이 아빠의 요양에 나 몰라라 하지 않고 할 수 있는 최선을 다하며 각각의 빈틈을 서로가 채워주었다고 했다. 그녀의 브리핑에서 그간 있었던 농축된 고통 진액을 맛보는 느낌이었다. 나는 모든 일에 큰 고비를 넘겨 방문했다는 그녀의 말에 안도를 표할 뿐이었다. 그녀는 그녀답게 고비마다 찾아오는 난관과 역경을 하나씩 잘 헤쳐 나갔다. '왜 나에게만 이런 일이.'라고 생각하기보다 자기 자리에서 묵묵히 버티고 있는 본인, 남편, 자녀들, 남매들, 어머님 모두에게 감사하게 생각한다는 말이 나를 가슴 뜨겁게 했다.

"당연한 건 없잖아요. 각자의 노력에 '애쓴다. 고맙다.'라는 말을 아끼지 않으려고 했어요."

이 대목은 그녀의 현명함을 빛내주었다. 그녀는 본인이 그렇게 바쁜지도 몰랐다가 주저리주저리 떠들면서 그동안의 자기 삶을 돌아보는 듯했다. 엄마로서 자질을 의심하던 그녀였지만 그녀는 부족한 점을 맞닥뜨리려 노력했다. 아이들의 입장을 들어보려고 했고, 본인의 행동을 다시 돌아보며 솔직함 심정을 털어놓으려 했다. 완벽하지 못해 아쉬워하는 그녀의 모습에서 평범한 사람의 반짝임을 볼 수 있었다.

"완벽하기보다 균형 있는 삶이 멋지고, 넘어질 일이 없는 것보다 넘어질 뻔해도 다시 일어나려는 노력이 더 멋져요. 정말 힘든 시간을 잘 극복하신 것 같아서 멋집니다."

나는 이렇게 그녀의 10개월 근황에 마음으로 느낀 바를 이야기했다.

우리는 모두 일인 다역의 삶을 살아간다. 다양한 역할에서 우리는 매번 새로운 '나' 자신을 발견한다. TV나 영화 속 슈퍼맨과 슈퍼우먼 같은 '완벽한' 영웅 같은 삶을 살아가고 싶어 하지만 그것은 현실적으로 불가능하다. 관리가 끝나고 인사를 전하려는 그녀에게 얼마 전 책에서 본 구절이 떠올라 보여주었다.

"완벽하다는 것, 완전하다는 것의 의미는 무결점을 의미하는 것이 아니다. 어둡고 실수투성이인 부족한 면까지 부둥켜안고 인정하는 것이 바로 내면의 성숙함을 보여주는, 한 인간 존재로서의 온전함을 의미한다."

– 조우석, 『간헐적 몰입』

차근히 읽던 그녀의 눈에는 눈물이 고였다. 연신 나에게 고맙다는 말을 전했다. 우리는 헤어지는 아쉬움을 뒤로하고 다시 만날 설렘으로 다음번을 기약했다.

2.
역지사지를 배워가는 신혼부부 이야기

"부부 생활은 길고 긴 대화 같은 것이다. 결혼생활에서는 다른 모든 것은 변화해 가지만 함께 있는 시간의 대부분은 대화에 속하는 것이다."

— 프리드리히 니체

타지에서 살다가 결혼으로 인해 울산으로 넘어온 분이 있었다. 그녀는 만삭의 몸으로 임산부 왁싱을 받기 위해 방문했다. 가족, 직업, 친구 모두를 내려놓고, 신랑만 믿고 시작한 연고 없는 지역 생활을 털어놓았다. 이 일을 하며 비슷한 경험을 자주 들어왔다. 그래서 나는 이분이 얼마나 외로웠을지 가늠할 수 있었다. 그녀는 조용한 집안에서 남편 퇴근 시간만 기다리는 것이 꼭 반려동물 같았다고 했다. 남편과의 시간이 중요해진 아내에 반해 남편은 변한 것 없이 직장생활도 하고, 친구들도 만나고, 게임하는 것이 짜증 났다고 했다. 신혼 초에 남편의 행동에 서운한 감정이 솟구쳐 늘 파이터가 되어야 했다는 이야기였다. 남편에게 하소연도 해보고 매일 밤 억울해서 울었다는 그녀의 이야기는 내 마음도 쓰라리게 했다.

다행스럽게도 그녀는 더 이상 남편과 크게 싸우지 않는다고 한다. 싸움이 줄어든 건 울산에서 일을 시작하고부터였다고 했다.

"저도 사회생활을 하면서 직장동료가 생기고, 활력이 생기니 친구와 가족을 만나러 고향에도 다녀오는 여유가 생겼어요."

이렇게 남편에게 의지'만' 하던 상황에서 독립하여 자유로워지니 남편의 입장이 이해됐다는 말을 전했다. 비슷한 상황은 아니었지만, 남편의 입장을 이해해보려고 애쓰던 신혼 초의 내 모습이 주마등처럼 스쳐 지나갔다.

여자는 남편에게 의지하는 만큼 기대감만 높아지고, 남자는 아내를 위한 노력에도 인정받지 못하니 답답해지는 건 남편과 아내 모두이다. 서로가 본인의 억울함만 주장하면, 감정의 골이 깊어지게 되고 결국 서로에게 하지 않아도 될 말을 해서 깊은 상처를 남기게 되는 건 아닐까.

아내 또한 입장을 바꿔서 남편이 나를 위해 다 내려놓고 연고 없는 지역에 온 남편을 상상해 보면 더 이해하기가 쉬울지도 모른다. 남편이 아내의 퇴근 시간만 기다리고, 가족과 친구를 만나고 회식을 가려고 해도 남편이 신경 쓰여서 만남 자체를 줄이고, 남편에게만 집중하게 된다면 답답하지 않을까? 괜히 남편이 얼른 이 지역에서 일하기를 기대할 것이고, 자신만의 취미를 만들길 바랄지도 모른다. 아내의 개인 생활을 '제대로' 즐기려고 말이다.

이 부부의 경우 서로의 입장을 생각해보고 행동함으로써 상대를 배려하게 되었다고 했다. 이들에게서 역지사지의 아름다움을 느꼈다. 입장을 바꿔서 사정을 알게 되면 오해는 이해가 된다. 우리가 결혼하는 이유는 하나보다 둘이 낫다고 생각하기 때문이다. 그럼, 남편과 아내 모두 노력해야 한다. 부부가 되었다고 해서 나 자신을 잃어버려서는 안 된다. 그렇지만 나 자신만을 위할 것이라면 결혼해서도 안 된다. 오늘 방문하신 고객은 힘든 순간 남편과 대화로 풀어 나갔다고 했다. '남편도 억울할 수 있겠다.'라는 마음이 남편에게 전해진 게 아니었을까. 결혼 초부터 자신의 마음과 부단히 싸웠을 고객이 너무 대단해 보였다. 역지사지의 아름다움을 통해 모든 부부의 결혼생활이 서로를 향한 원망으로 얼어붙기보다는 인정과 감사함으로 따뜻해지면 좋겠다.

3.
얼음공주에게도 따뜻한 봄이 오려나 보다

"아무도 꽃을 보지 않는다. 정말이다. 너무 작아서 알아보는 데 시간이 걸리기 때문이다. 우리에겐 시간이 없고 무언가를 보려면 시간이 필요하다. 친구를 사귀는 것처럼."

— 조지아 오키프

나와 10년 동안 인연을 맺어온 고객이 있다. 내가 기억하는 그녀의 첫인상은 차가운 얼음공주였다. 좀처럼 웃는 얼굴을 볼 수 없었다. 대화해도 뭔가 뚝뚝 끊기는 느낌이었다. 그녀가 관리하러 올 때마다 나는 무슨 이야기를 꺼내야 할지 고민했다. 그녀는 화장품에 관심이 많았다. 그래서 화장품을 주제로 그녀에게 계속 질문했다. 그녀가 알고 있는 지식의 모든 것을 다 토해내기 시작하면서 뚝뚝 끊기던 대화가 제법 오래 이어졌다.

기존 직장에서 일을 그만두고 개인 숍을 오픈하고, 숍을 확장 이전하며 세 번의 숍을 이동했다. 묵묵히 나를 따라와 준 그녀가 고마웠다. 그렇게 우리는 관리자와 고객의 사이를 뛰어넘어 언니─동생의 관계로 발전하게 되었다. 그녀와 밥을 먹을 일이 생겼다. 그녀는 차분했고 말수가 적었다. 그녀의 적은 말수만큼이나 그녀와 대화하는 시간을 온전히 혼자 이끌어 가야 했다. 밥을 먹고 커피를 마시는 시간이 길어지는 날이면 힘겨웠다. 개인적인 만남은 되도록 피하고 싶었다. 그녀의 묵묵한 믿음이 고맙다가도, 텐션의 차이를 극복하기는 조금 버거웠다.

그녀는 차갑지만 달콤한 아이스크림 같았다. 그녀가 취미로 제빵을 시작했다. 그녀는 자기가 만든 쿠키를 나에게 먹여주고 싶은 마음에 나의 일정과 상황은 고려하지 않은 채 다짜고짜 만나자고 했다. 나를 위해 쿠키를 구워준 마음이 고마워서 그녀의 일정에 내가 맞추긴 했지만, 조금 당황스러웠다. 이후로 이어진 몇 번의 빵과 쿠키 선물에 나는 당혹스러웠다. 나의 의사는 중요해 보이지 않는 태도 때문이었다.

그녀가 사람을 대하는 것에는 미숙했다는 걸 오랫동안 그녀를 지켜보며 느꼈다. 그녀가 겪어온 어떠한 사정이 그녀의 마음을 꽁꽁 얼게 하지 않았을까. 그녀는 본인의 마음을 다치게 하지 않으려고 얼음벽을 통해 사람 간의 일정한 거리를 두는 것처럼 느껴졌다. 오랫동안 사람과의 거리를 좁히지 못했던 그녀가 나에게 선물 공세를 하며 다가오려 하는 것 같았다. 그녀만의 방식대로 서툰 행동과 힘겹게 싸우는 게 느껴졌다. 나와의 거리를 좁히려 최선을 다하고 있다는 생각에 그녀의 마음을 헤아려 주고 싶었다.

그녀가 사람을 대하는 태도는 다소 미숙하긴 했어도 틀렸다기보다는 조금 특별하다고 생각했다. 더 이상 그녀가 사람을 끊어내지 않도록 도와주고 싶었다. 내가 버거울 땐 오히려 그녀를 만나려 하지 않았다. 내가 그녀를 받아들여 줄 수 있을 여유가 있을 때면 먼저 다가갔다. 그리고 미숙하다는 단어를 사용하기보다 그녀에게 차가운 얼음공주가 많이 따뜻해졌다며 그간의 작은 변화라도 계속 짚어주었다.

요즘 느끼는 그녀의 모습은 초봄 같다. 아직 겨울의 찬기를 다 벗지는 못했지만, 곧 따뜻해질 것 같은 느낌 때문이다. 그녀는 지금도 사람과의 관계에서 본인의 마음과 부단히 싸우고 있을 것이다. 자신을 지키기 위해 꽁꽁 얼게 했던 마음을 이제는 사람을 통해 녹이는 중일 것이다. 미숙했던 인간관계의 완급 조절은 나날이 성장하고 있다. 관계 속 그녀의 성장은 아름다웠다. 벗나무 꽃잎이 흩날리듯 그녀의 얼굴에 미소의 꽃으로 퍼지는 것이 느껴진다. 요즘 그녀의 얼굴에는 웃음꽃이 활짝 피어서 보기 좋다.

벚나무 꽃잎이 흩날리듯 그녀의 얼굴에 미소의 꽃으로 퍼지는 것이 느껴진다. 요즘 그
녀의 얼굴에는 웃음꽃이 활짝 피어서 보기 좋다.

4.
아낌없이 주는 사랑의 아름다움

"내가 행복해지려면 사랑받으려 하지 말고 사랑하라, 이해받으려 하지 말고 이해하라, 도움받으려 하지 말고 도움을 주라."

– 법륜스님의 행복톡 중에서

나는 친조카가 7명이 있다. 형제자매들이 그들에게 하는 사랑이 너무 아름다워 보였다. 요즘은 조카들을 통해 내가 '주는 사랑'에 대해 배우고 있다. 정확히 말하면 '무조건적인 사랑'이다. 자식이 잘 크길 바라는 마음에 부모의 피땀 눈물의 노력은 바로 사랑이었다. 조카들의 얼굴에는 사랑이 가득하다. 내 가족들이 보여준 모습을 통해 나도 좋은 엄마가 되고 싶었다. 하지만 올해로 결혼 6주년인 나에게 아이는 오지 않았다.

나는 10년 동안 정말 수많은 태아가 뱃속에서 커가는 모습을 지켜봤다. 세상에서 가장 예쁜 알파벳은 D가 아닐까. 임산부의 D라인 배는 볼

수록 아름답고, 신기하며 경이롭기까지 하다. 점점 불러오는 배에서 콩알만 했던 아이가 사람의 형태로 자라는 것을 보면서 인체의 신비를 느낀다. 불러오는 배를 대하는 산모님의 반응은 비슷하다. 보통 산모들은 임신하는 동안 본인의 이미지가 변화하는 것에 대해서 많이 아쉬워한다. 배에 퍼지는 튼살에 한숨을 쉬고, 점점 불어나는 살에 스트레스를 받는다. 그래서 그런 모습들에 나도 이입되어 아이는 갖고 싶지만, 배가 부른 모습을 상상할 수가 없었다.

얼마 전 왠지 모를 아우라가 느껴지는 한 임산부 고객이 방문했다. 그녀의 관리를 시작함과 동시에 나는 예쁜 D라인을 언급했다. 그러자 그녀는 배가 불러올 때마다 너무 예쁘다며 곧 출산하는 게 아쉽다는 말을 전했다. 나는 그 말을 듣고 조금 놀랐다. 많은 임산부와 다른 반응이었기 때문이다. 그런 말은 10년 동안 처음 들어보았다. 다음 이어지는 말은 더 놀라웠다.

"원래 아이 계획이 없었어요. 남편과 저는 딩크족으로 합의를 보았거든요."

딩크족으로 마음을 먹었던 사람이라는 것이 믿기지 않게, 그녀는 배부른 모습을 온전히 기쁨으로 받아들이고 있었다. 그리고 그 아이를 지켜주고 싶다고 했다.

　나는 그녀를 보면서 아낌없이 주는 사랑의 보석을 보았다. 원하지 않던 아이가 생겼을 때 보통 엄마의 반응은 낙담일 것이다. 하지만 막상 생긴 아이를 위해 엄마는 불러오는 배조차도 아름답다고 느꼈다. 배 속에 있는 아이의 성장을 온전히 감싸주었다. 본인의 배는 들러리였다. 아니 그분은 그걸 영광으로 느끼는 듯 보였다. 만약 내가 그분 배 속에 있는 아이라면 엄마의 사랑을 온전히 느꼈을 것이다. 아이는 갖고 싶지만 배가 부른 모습을 상상하고 싶지 않은 내 모습이 부끄러워졌다.

　사랑은 무조건 잘해주는 것과는 결이 다르다. 누군가를 위해 희생하라는 말도 아니다. 아낌없이 주는 사랑을 통해 내가 행복해지는 것이다. 사랑을 받는 사람도 존재의 기쁨이 되어 양쪽 모두에게 가치 있는 것이 아닐까. 뭔가 멋지고 좋은 것은 자꾸만 배우고 닮고 싶어진다. 내가 아이를 만나기 전 그분을 만날 수 있었다는 사실이 감사했다. 이제는 불러오는 배조차도 아름답게 바라볼 내 모습이 상상되기 시작했다.

자식이 잘 크길 바라는 마음에 부모의 피땀 눈물의 노력은 바로 사랑이었다. 조카들의 얼굴에는 사랑이 가득하다. 내 가족들이 보여준 모습을 통해 나도 좋은 엄마가 되고 싶었다.

5.
초보운전자의 로드뷰어

"아마도 내 인생에서 가장 힘든 부분은 시도할 수 있는 용기를 갖는 것입니다."

– 레이첼 홀리스

상기된 표정으로 고객이 들어오셨다. 그리고 나는 그녀에게 물었다.

"무슨 일 있으세요?"

"처음 차를 몰고 나왔는데 어떻게 운전해서 왔는지 모르겠어요."

그녀가 답했다. 얼마나 긴장했는지 이마에는 식은땀이 송골송골 맺혀 있었다. 도로 연수도 없이 바로 차를 몰고 온 탓에 온몸이 부들부들 떨린다고 했다. 그녀를 진정시킨 후 관리실로 안내했다. 그녀는 첫 운전에 대한 이야기를 실컷 토했다.

"모든 경적이 나를 향해 울리는 것 같았어요. 차선을 변경하려는데 언제 진입해야 할지 몰라 한참을 양보했어요. 그래도 늦지 않아서 다행이네요. 운전하는 모든 사람이 존경스러워요."

지난 나의 초보 시절을 보는 것만 같아 나는 격렬하게 공감했고, 그런 시절은 누구나 있다고 격려했다. 어젯밤, 본인 집에서 관리실로 오는 길을 로드뷰로 몇 번을 보고 왔다고 했다. 미숙한 운전 실력이니 어느 정도 길을 알아야 마음이 편하다는 말을 덧붙였다.

그녀의 이야기를 한참 동안 듣던 나는 하던 일을 멈추고 힘찬 박수로 그녀를 응원했다. 해보지 못한 것을 시작하려 할 땐 두려움이 앞서는 법이다. 그 두려움이 무서워 시작도 해보지 못하는 사람도 많다. '시작이 반'이라고 계속 부딪치다 보면 두렵던 경험은 내 몸에 익기 마련이다. '적응'이라는 것은 우리에게 오랜 시간과 노력을 요구한다. 연습을 하는 과정은 고통이다. 고통임을 알고도 시작하는 것에는 엄청난 용기가 필요하고, 누구나 할 수는 있지만, 아무나 해낼 수 없는 것임을 알기에 나는 그녀의 도전과 용기에 있는 힘껏 칭찬했다.

한참을 운전에 관해 이야기하다 보니 나의 초보 시절이 자꾸만 떠올랐다. 면허를 따고 2년 정도를 썩혀두다가 결혼 후 운전을 다시 시작했다. 남편이 조수석에 앉아서 내가 운전하는 모습을 지켜봤다. 나와 운전 경력이 10년이나 차이가 나는 남편은 나의 운전이 영 마음에 들지 않았나 보다.

"그렇게 하면 어떡해!"
"이것 해야지! 저것 해야지!"

옆에서 잔소리를 해대는 탓에 그렇지 않아도 몸에 잔뜩 힘이 들어가 어깨가 굳을 참이었다. 시야는 더 좁아졌다. 타박하는 소리에 머리가 하얘져서 차를 중간에 버리고 오고 싶었던 적이 한두 번이 아녔다.

그녀가 로드뷰로 오는 길을 숙지했을 때 마음이 편했다는 말에 그녀의 운전 실력 향상에 도움 될 수 있도록 경험 뷰어가 되고 싶어졌다. 그녀의 현재 운전 실력을 파악하기 위해 몇 가지 질문을 했다. 차선 중간으로 운전하는 건 어떤지, 액셀과 브레이크가 헷갈리지는 않는지, 운전할 때 계기판을 보는지, 급발진·급제동은 하진 않는지 등 흔히 초보들이 하는 실수를 생각해 질문했고, 그녀는 차분히 대답했다.

추가로 내가 했던 실수는 무엇이었는지, 그렇게 하지 않으려면 어떻게 해야 하는지를 차근차근 설명해 주었다. 초보 때는 아무리 많은 운전 노하우를 알려주어도 귀에 들어오지도 않고, 막상 적용하려면 어렵기 때문에 그 시기에 맞는 경험 위주로 알려주는 것이 중요하다. 조향감 익히는 법, 계기판 보는 법과 봐야 하는 이유, 비상등 사용법, 방향지시등 켜는 시점, 액셀로 속도 조절하는 법 정도만 알려주었다.

처음에 나도 누군가가 이렇게 알려주었으면 좋았을 것 같은 걸 위주로 설명해 주었다. 운전 실력이 느는 방법은 꾸준히 많이 해보는 것뿐이다. 하루에 한 개씩이라도 헷갈렸거나 의문이 들었던 점은 꼭 해결하고 넘어가야 다음에 같은 실수를 반복하지 않는다는 말을 전할 때쯤 관리도 끝이 났다.

내가 초보 운전자일 때 남편에게 자주 했던 말이 있다.

"자기는 처음부터 잘했어?"

초보일 때의 나는 올챙이 적 생각 못 하는 남편이 굉장히 불만스러웠다. 내가 운전을 가르칠 일이 생기면 꼭 이 마음을 잊지 않고 제대로 전달해 주겠다고 다짐했었다. 이 다짐이 이렇게 쓰일 줄이야. 그녀의 용기가 너무 아름다워 보였다. 그녀가 로드뷰어로 보았던 길이 마음의 안정감을 준 것처럼 내가 알려준 것들이 경험 뷰어가 되어 운전하는 모든 길에 빛이 되었으면 좋겠다.

6.

1인칭 시점에서 전지적 시점으로

"사람의 마음은 관점을 살짝 바꾸는 것만으로도 스스로를 치유하는 힘이 있다."

— 알렉스 리커만

사람은 누구나 1인칭의 시점으로 살아간다. 내가 고객들과 대화하면서 가장 많이 느꼈던 것은 사람은 오감을 통해 자기가 경험한 것으로만 사고한다는 것이다. 생각은 말과 행동으로 나오게 되고, 다른 사람의 경험조차 자신의 관점으로 자연스럽게 치부하게 된다. 중요한 순간 자신의 상황과 감정이 가장 우선순위가 되어 다른 사람과 갈등이 생겨나는 것은 어쩌면 누구에게나 있는 일이다. 하지만 상황이 바뀌거나 경험의 영역이 넓어지면 생각의 관점은 바뀌게 된다. 인생을 살다 보면 여러 상황을 직접 겪게 되면서 생각의 지각변동이 일어난다.

돌잔치를 앞둔 고객이 있었다. 코로나로 전 세계가 떠들썩했던 분위기가 차츰 가라앉아 안정을 찾아가고 있을 때였다. 그녀에게는 한 가지 고민이 있었다.

"가족끼리 조촐하게 하려고 했던 첫째 아이의 돌잔치가 예상치 못한 흐름으로 흘러가요. 친정 식구와 시댁 식구와 밥만 간단하게 먹고 끝내려 했는데, 양가 친척분들이 자꾸 돌잔치 언제 하냐고 물어보네요."

'가족'이라는 개념을 어디까지 두느냐에 대한 문제였다. 코로나로 인해서 인원이 제한되었을 때는 생각하지 못했던 가족의 의미를 돌잔치 앞에서 재고하게 되었다고 했다. 평소에 친척들 간에 사이가 좋다고 했다. 아이가 어릴 때는 고민되지 않았는데 아이가 점점 크면서 막상 그 상황에 놓이니 조촐하게 가족끼리만 한다는 그녀의 의견이 흔들리기 시작했다. 코로나가 조금 안정이 되어 남편이 회사 식구들까지 다 부르자고 해서 남편과도 다투었다고 했다.

"코로나는 이제 많이 안정되었고, 사이가 좋으셨으면 친척들과 남편의 의견을 받아들여서 회사 식구들까지 다 초대하시면 될 것 같은데, 어느 부분이 고민되세요?"

"그렇긴 한데…. 잘 모르겠어요." 그녀는 대답했다.

"음 그럼 최근에 돌잔치를 다녀온 적이 있으세요?"

"네! 지금보다 코로나의 문제가 조금 심각할 즈음에 지인의 돌잔치에 다녀왔어요."

"그때 어떤 생각이 드셨어요?"라고 여쭤보았다,

"조심해야 할 때 무리하게 돌잔치를 연다고 생각했어요." 그녀는 대답했다.

"조심해야 할 때면 코로나 초기였나요?"라고 물었다.

"음, 그건 아니고 6개월 전?"

마음속으로 나는 지금이랑 분위기가 크게 다르지 않을 것 같다고 생각했지만, 아무 말을 할 수가 없었다. 연이어 그녀가 말했다.

"가기 귀찮았는데, 안 갈 수 없어서 마지못해서 갔거든요."

나는 그녀의 고민 포인트를 알 것 같았다. 돌잔치의 규모를 키우면 다른 사람들이 전에 본인이 생각했던 것처럼 느낄까 봐 두려웠던 것이다. 자신이 마지못해 갔었던 돌잔치와 비슷한 상황으로 돌잔치를 열게 되자 다른 사람들의 시선이 부담되는 것 같았다.

"에이 그런 마음 들 수 있죠! 난 또~ 사람마다 생각하기 나름이에요. 제 생각에는 상황에 맞춰 돌잔치 규모를 키우시고, 오시는 분들에게 '귀찮은데도 이 자리까지 오시지 않았을까?' 하는 고마운 마음을 충분히 전하시면 될 것 같아요."

내 말에 그녀의 표정이 서서히 풀리기 시작했다.

돌잔치를 준비해 본 적 없는 입장과 돌잔치를 준비하는 입장 사이에서 이해의 차이는 생길 수밖에 없다. 사람들은 자기가 겪어봐야 다른 사람의 마음을 진정으로 이해하게 된다. 그녀의 아이가 많은 사람으로부터 탄생의 축복을 받고, 그 감사함이 경험에 녹아들기를 바란다고 일렀다. 그녀는 경험치가 늘어난 만큼이나 돌을 준비하는 많은 엄마의 마음을 온전히 이해할 것이다. 1인칭에서 전지적 시점으로 변화하는 그녀의 성장은 아름다웠다.

에필로그

털 뽑힌 그 자리에 따뜻함으로 채워드려요

"여기 오면 진짜 별 얘기를 다 하네요."

"쌤, 상담사 해요!"

"털 뽑으러 왔다가 힐링하고 간다."

"생각이 많아지네요."

일하면서 제일 보람된 시간을 선물해 주는 후기입니다. 이런 말을 들으면 정말 하루 종일 기분이 좋아지거든요. 제가 누군가의 마음을 녹일수 있음에 감사해집니다. 사실 본인의 속마음을 누군가에게 털어놓는다는 건 진짜 쉬운 일이 아니에요. 그래서 정말 고객들의 속마음을 듣게 되면 얼마나 큰 용기를 내셨을까 생각하게 되고 그 고마움에 보답하고 싶어지는 마음이 듭니다.

팍팍하게 메마른 현실에 '왜 나에게만 힘든 일이 생기는 걸까?'라고 생각할 수 있습니다. 특히나 요즘같이 누구나 스마트폰 하나로 다른 사람의 일상을 쉽게 공유하는 시대에는 더욱 그런 생각에 사로잡히게 됩니다. SNS에 힘든 일도 올리는 사람이 있지만, 아마 좋은 일이 있을 때, 힘들지 않을 때 더욱 활발하게 활동하는 경우가 많아지기 때문이죠.

저 또한 그랬습니다. 제가 힘들지 않은 게 아니고 힘든 일을 겉으로 티를 내려 하지 않거든요. 특히나 많은 사람이 보는 SNS에서는 더욱더. 그런데 간과하는 게 있습니다. 제가 힘들 때는 다른 사람들의 일반적인 일상이 평소처럼 보이지 않게 됩니다. 습관처럼 들어갔던 소셜 미디어를 보고 별생각 없이 기분이 다운되는 경험. 다들 있으시죠? 다른 사람들은 행복하고 나만 불행한 것이 아닙니다. 누구나 커리어 하이의 일상을 올리는 데 제 마음이 투영되어 바라보는 시선의 굴절이 생기는 것뿐임을 잊지 말아 주세요.

사람들의 일상을 눈이 아닌 귀로 듣다 보면 마음을 읽게 됩니다. 이분 정말 힘들었겠구나 싶은 이야기가 많거든요. 그래서 그 점을 짚어주면 마음의 말을 와르르 쏟아내요. 힘든 걸 버리지 못하고 마음속에 담아두느라 얼마나 고생이 많았겠어요. 저도 어렸을 때는 제 힘든 사정이 약점이 될까 봐 말하지 못했습니다. 그래서 화병이 생겼어요. 그런데 친한 친구에게 전화해 아무 말 없이 눈물만 왈칵 쏟아내도 속이 시원해지더라고요. 수화기 너머로 하염없이 10분을 울고 있는데도 한마디 없이 듣고만 있었던 친구에게 정말 큰 위로를 받았습니다. 덕분에 제 화병을 털어낸 계기가 되었어요. 정말 그렇게 울고 나니 살 것 같았거든요. 그 기억을 아직도 잊지 못합니다.

누구나 말 못 할 속사정이 있습니다. 하지만 힘들게 내보인 속마음에 주변 사람들이 힘이 되기도 하지만, 의외로 비수를 꽂기도 합니다. 그래서 다시 입을 닫게 되고, 화병을 키우기도 해요. 그런 마음을 누구보다 잘 알기에 제가 들어주는 사람이 되고 싶었습니다. 저도 제 가족과 친구들에게 '걱정'이라는 이유로 그들에게 한 조언 때문에 힘들게 했을 수 있습니다. 사람마다 본인의 경험 영역 안에서 조언을 해주기 때문에 다른 사람의 고통은 100% 알기도 힘들어요. 그래서 본인도 모르게 쉽게 말해버리는데 그게 받아들이는 사람 입장에서 2차로 힘들게 되거든요. 저도 미처 알지 못했던 것들을 귀로 배웠습니다.

힘들다고 말하는 사람에게 "힘내!"라는 말이 통하지 않듯, 온전한 믿음, 온전한 위로가 때로는 정말 강력한 무기가 된다는 것을 저는 뒤늦게 배운 것 같아요. 처음부터 완벽한 사람이 어디 있어요. 실수할 수 있어요. 그 실수를 통해 배우고 같은 실수를 하지 않으려는 노력이 필요하니다. 그 노력에는 지난 실수를 만회하려는 용기가 필요하거든요. 그 용기를 드리고 싶습니다. 용기를 한번 얻으면 다음은 본인이 일어날 용기를 만들어내더라고요. 그래서 다시 좋은 경험을 전해주시고, 그 긍정적인 기운을 받아 저도 힘이 나더라고요.

인생의 중요한 순간에 '귀인'은 꼭 존재합니다. 제가 당신을 빛내줄 또 다른 보석이 되어드릴게요. "기쁜 일을 나누면 배가 되고, 슬픈 일을 나누면 반이 된다"는 말이 진짜임을, 저를 스쳐 간 모든 인연과 제가 증명했습니다. 그 덕에 제가 책도 낼 수 있게 되었습니다. 모든 사람의 시련을 간접적으로 겪으며 제가 태어난 순간에 엄마에게 버림받은 아픔을 극복하였습니다. 그리고 사찰 화장실이 주는 '해우소'의 의미로 살아가게 될 제 인생의 광채를 찾게 되었습니다. 많은 분의 이야기로 저의 어두웠던 어릴 적 긴 터널 속에서 벗어나게 된 것 같아요. 덕분에 제 마음의 맷집도 꽤 단단해졌습니다. 소중한 일상을 공유해주셔서 정말 감사합니다. 이 글을 읽어 봐주신 모든 분께도 정말 감사합니다.

매 순간 자기 자신과 싸우고, 하루하루를 버텨내는 모든 분들 정말 고생 많습니다. 쉬운 길을 택하지 않고, 어려워도 꾸준히 나아가는 모든 분을 응원합니다. 어떤 상황에서도 우리는 모두 아름다운 보석이라는 걸 잊지 말아 주세요. 보석은 단단해질수록 가치가 커진다고 합니다. 단단해진 내면의 힘으로 여러분들의 삶이 찬란한 빛의 아름다움이 될 수 있기를 간절히 바랍니다.